AVANT-PROPOS

Ce présent ouvrage est destiné aux étudiants de français de niveau intermédiaire, ayant déjà les bases du vocabulaire et de la grammaire du français courant. Nous l'avons réalisé avec en tête le profil des étudiants non-spécialistes en deuxième année de français des affaires. Nous espérons qu'étudiants et enseignants auront autant de plaisir à travailler avec ce livre que nous en avons eu à l'écrire.

Bon travail à tous.

Nathalie Cazaux
Eamon Maher

REMERCIEMENTS

Nous tenons tout d'abord à remercier l'équipe du service culturel de l'Ambassade de France qui nous a aidés à mener à bien ce projet. Notre reconnaissance va également à l'Institut de Technologie de Tallaght et notamment aux personnes responsables du "Seed Funding", structure innovante et dynamique qui permet de mettre en place les projets de ce type. Que soient encore remerciés ceux et celles qui ont bien voulu participer à l'enregistrement des cassettes. Finalement, un grand merci à John Moriarty qui a réalisé la couverture de cet ouvrage.

LES DOSSIERS

DOSSIER I
CHERCHER UN EMPLOI

DIALOGUE

Sinead O'Rourke a étudié le français des affaires dans un IUT en Irlande. Après son diplôme, elle décide de tenter sa chance à Paris et se donne trois mois pour trouver un emploi dans la capitale. Elle est aidée dans sa recherche par son amie Laure.

Les deux amies se retrouvent dans un cybercafé pour éplucher les petites-annonces du jour dans les journaux français en ligne . . .

Laure : Regarde, un ordinateur libre. Maintenant, c'est facile : tu ouvres la fenêtre de recherche, ensuite tu tapes l'adresse électronique du journal, tu sélectionnes la rubrique emploi en haut à gauche de l'écran. Voilà : tu n'as plus qu'à choisir les différents paramètres pour commencer ta recherche.

Sinead : Je suis quand même contente que tu sois là ! Toute seule, je ne sais pas si j'aurais eu l'idée de rechercher un emploi sur Internet. Depuis que je suis arrivée ici, j'ai eu tant d'autres choses à faire ! Et j'avoue qu'entre chercher un appartement, remplir les papiers administratifs et trouver mes repères, je suis un peu débordée !

Laure : Ne t'en fais pas, ça va aller ! Quand on cherche un emploi, il faut vraiment faire preuve de patience mais avec tes qualifications et ton expérience, tu ne devrais pas avoir de problème. Bon, maintenant il faut que tu décides ce que tu veux vraiment faire. Il faut déjà que tes critères de sélection correspondent à ta formation.

Sinead : Avec une licence en Marketing, l'idéal serait de travailler dans la promotion et la vente. Mon rêve serait de travailler ici à Paris mais pour une entreprise irlandaise pour laquelle je pourrais utiliser mes deux langues ; le français et l'anglais. J'aimerais vraiment garder le contact avec l'Irlande à travers mon travail.

Laure : Ah, regarde ! Cent trente cinq annonces correspondent à tes critères de recherche. Je t'avais bien dit que tu trouverais ton premier emploi à Paris! Voyons ce qu'ils te proposent . . .

Lexique

éplucher : ici, étudier en détail
en ligne : que l'on peut consulter sur l'Internet
un ordinateur : un PC, un mac
libre : qui n'est utilisé par personne
une rubrique : une catégorie
être débordé(e/s) : avoir beaucoup de choses à faire
ne t'en fais pas : ne t'inquiète pas
faire preuve de patience : être patient
déjà : d'abord
vraiment : réellement
voyons : regardons

Questions sur le dialogue

1. Donnez les quatre étapes de la recherche d'emploi sur Internet.

    a. _____

    b. _____

    c. _____

    d. _____

2. Depuis qu'elle est arrivée, Sinead a eu beaucoup de choses à faire. Lesquelles ?

    _____

    _____

    _____

    _____

3. Pourquoi Laure est-elle optimiste en ce qui concerne les résultats de leur recherche ?

    _____

    _____

    _____

    _____

4. Quel type d'emploi Sinead désire-t-elle ?

    _____

    _____

    _____

    _____

5. Si vous étiez dans la situation de Sinead, dans quels autres endroits iriez-vous chercher des petites-annonces ?

_____

_____

_____

_____

COMPREHENSION DE TEXTE

Lisez attentivement les petites-annonces que Sinead et Laure ont sélectionnées. Quel est, selon vous, l'emploi qui correspond le mieux au profil de Sinead ? Expliquez les raisons de votre choix.

Vous pouvez ensuite choisir une annonce qui vous conviendrait. Expliquez ce qui vous attire dans cette annonce et pourquoi vous pensez correspondre à cette annonce.

GROUPE Assurex

Fondé en 1923, 1400 personnes, 190 bureaux, 2,3 Milliard de francs de CA est un spécialiste de l'Assurance Vie, dans les domaines de la Prévoyance, Santé, Épargne et Retraite.

Nous poursuivons notre développement national et recrutons sur toutes les régions de France des Conseillers Commerciaux h/f.

Profil :
Les profils attendus sont ceux des " Pro de la vente".

Vous bénéficiez d'une expérience réussie de la vente aux particuliers, où êtes débutant avec un réel potentiel, et souhaitez prospecter, développer, fidéliser une clientèle au cœur de votre région par un conseil de qualité.

Vos qualités commerciales et votre motivation pour cette fonction vous permettront de répondre à ce challenge et de saisir rapidement de réelles opportunités d'évolution au sein d'un puissant groupe national.

Véhicule indispensable.

Vous êtes formé à nos méthodes et produits par des formateurs professionnels.

Salaire motivant lié à vos résultats (minimum garanti + primes).

Les entretiens auront lieu dans votre région.

Postes basés dans toutes les régions de France.

Vous êtes intéressé(e) par cette offre?

Merci d'adresser votre candidature en précisant la région de votre choix à :

Assurex RECRUTEMENT RESEAU
19 rue d'Aumale
75009 PARIS
Fax : 01 53 20 31 40
mél: recrut-Km@Assurex.com

CONNEXION INTERIMAIRE

CONNEXION INTERIMAIRE propose à ses clients de les accompagner en matière de travail temporaire dans tous les métiers liés à l'explosion des services Relation Clients, des métiers de l'Informatique, des télécoms ainsi que les métiers d'Internet.

Depuis près de 10 ans, grâce à notre grande connaissance des nouvelles technologies et notre savoir-faire en matière de gestion des ressources humaines, CONNEXION

INTERIMAIRE assure qualité de service et réactivité à ses clients que ce soit pour des remplacements ponctuels ou la mise en place d'équipes complètes.
Assistante Commerciale Bilingue Anglais
Gestion et suivi de dossiers clients.

Profil :
De niveau Bac, vous êtes bilingue anglais et bénéficiez d'une première expérience.
Vous maîtrisez parfaitement Word, Excel et Powerpoint.
Rémunération : à déterminer selon expérience.
Poste basé à Gennevilliers (92).
Référence : Jobline/RM1703FS.
Si vous correspondez à ce poste, veuillez contacter M. MASCRE ou MLE LEFEVRE au 01 55 28 87 87.

Société : Irish Distillers
Titre du poste : Assistant chef de produit
Type de poste : CDI
Fonction : Marketing
Formation BAC +2 (Action Commerciale ou équivalent) ou doté d'une expérience significative de la vente, vous êtes dynamique, motivé et intéressé par les nouvelles technologies.
Vous avez le sens des contacts.
Descriptif du poste :
Élaboration et mise en oeuvre du plan promotionnel pour les marques JAMESON, BUSHMILLS, RICARD et PACIFIC : promotions consommateurs, animations, analyse et synthèse des panels consommateurs et distributeurs.
Élaboration et mise en oeuvre des projets de développement.
Pays : France/Irlande
Si vous correspondez à ce poste, veuillez contacter M. RONCHO au 01 66 17 89 04.

FRANCE LOISIRS, premier club de livres au monde (3,5 millions d'adhérents, 200 boutiques, 30 millions de livres vendus par an) est une filiale du groupe allemand BERTELSMANN.
www.franceloisirs.fr

Vendeurs(euses) Services
Dans le cadre du lancement de ses nouveaux services, France Loisirs, recherche pour ses points de vente de Paris et la Région Parisienne :
Vendeurs (euses) Services
Vous aurez pour principale mission :
Assurer la vente des nouveaux produits : téléphone, Internet, abonnements magazines, assurances, voyages, prêts financiers,
Assurer le rapport détaillé des résultats de l'activité et le suivi administratif,
Proposer des améliorations et idées afin d'optimiser les résultats.

Profil :
De formation BAC +2 (Action Commerciale ou équivalent) ou doté d'une expérience significative de la vente, vous êtes dynamique, motivé et intéressé par les nouvelles technologies.
Vous avez le sens des contacts.
Type de contrat : CDD de 6 mois (possibilité CDI).
Postes basés à Paris et Région Parisienne.
Référence : 43653fg/job.

Si cette annonce vous intéresse, adressez votre candidature (lettre de motivation et CV) à :
FRANCE LOISIRS
Service Recrutement
12 Boulevard de Grenelle

> BP 45
> 75 725 PARIS CEDEX 15
> Mél : recrutement@france-loisirs.com

Lexique

Première annonce :

 CA : abréviation pour Chiffre d'Affaires

 h/f : homme/femme

 les particuliers : les gens (par opposition à la vente de
   gros chez les commerçants)

 fidéliser : rendre fidèle, s'assurer que les clients referont
   affaires avec votre société

 au sein de : équivalent à « au milieu de » ou « dans »

 être lié(e) à : être en relation avec

 une prime : argent que l'on reçoit en plus de son salaire

Deuxième annonce :

 en matière de : en ce qui concerne, concernant

 grâce à : Donne une explication (positif -contraire ; à cause
   de)

Troisième annonce :

 CDI : Contrat à Durée Indéterminée

 être doté(e) de : avoir

Quatrième annonce :

 CDD : Contrat à Durée Déterminée (de trois à douze mois
   généralement)

Article de Journal

La rédaction d'un CV : Une présentation impeccable

Tâchez de faire tenir votre CV sur une page. Vous augmenterez vos chances d'être lu.

Un CV doit impérativement être dactylographié. L'idéal est de disposer d'un micro à imprimante laser. Oubliez la machine à écrire de votre grande sœur. Méfiez-vous, les fautes d'orthographe sont rédhibitoires.

Adoptez un plan classique. Ne vous éloignez pas du plan classique en quatre parties, il sert de repère aux recruteurs. Tout d'abord l'état civil, ensuite la formation, puis l'expérience, et enfin une rubrique plus ouverte : "autres activités" ou "centres d'intérêt".

Ne négligez pas cette dernière partie. Développez vos passions, vos activités de loisirs. Le recruteur peut pencher en votre faveur sur un détail original : un passe-temps, une occupation qui sort de l'ordinaire, un don particulier (théâtre, musique . . .).

De la clarté. Soyez concis. Vous ne rédigez pas une dissertation. Mais ne restez pas dans le vague, détaillez en quelques mots vos options, les missions qui vous ont été confiées en stage, le contenu de vos activités de loisir.

Précisez :
- où vous avez étudié (la ville et le nom de vos écoles).
- le domaine d'activité des sociétés pour lesquelles vous avez travaillé lorsqu'elles ne sont pas connues du grand public.
- votre niveau en langue et en informatique (citez les logiciels).

- si vous possédez votre permis, une voiture, et un brevet de secourisme (ça peut servir !).

Soyez compréhensible pour tout le monde, n'abusez pas de termes techniques.

Montrez-vous sous votre meilleur jour. Valorisez vos compétences. Privilégiez les verbes d'action. Sélectionnez les mots qui donneront de vous l'image du candidat idéal, positif, dynamique, entreprenant, sûr, travailleur . . . A la place de "membre d'une association" spécifiez : gestion et promotion d'une équipe, organisation de tournois et rencontres, prises de risques, approche de budgets importants, opération de sponsoring, gestion de stress important, bref, soyez pros. Peu importe votre niveau en rugby ou en natation : si vous avez pratiqué un sport plus de trois ans, indiquez la durée. Précisez si vous êtes dans un club ou si vous êtes classé . . .

Faites ressortir la cohérence de votre parcours. Un CV dispersé ne met pas en confiance. Montrez au contraire que vous avez choisi votre voie. Pour cela, contournez vos handicaps : sélectionnez les informations et n'insistez pas sur vos échecs.

Éliminez tout élément suspect. L'honnêteté est l'essence d'un CV solide : vous devez être capable d'assumer son contenu si l'on vous interroge. Ne laissez pas de blanc dans la chronologie. Évaluez lucidement votre niveau en langue. Parler avec les mains ne fait pas de vous un bilingue franco-italien . . .

Cherchez à atteindre votre cible. Il n'y a pas de CV standard. Adaptez votre CV en fonction de l'entreprise à laquelle vous

vous adressez : mettez en avant vos compétences directement liées au poste à pourvoir. Clarté, cohérence et concision : vous connaissez désormais les règles du jeu. Mais il n'existe pas de principe absolu en matière de CV. Votre CV est une sorte de portrait. Vous avez un vécu et des expériences qui vous sont propres. Pour être mises en valeur, elles nécessiteront peut-être que vous vous éloigniez de la norme.

D'après un article paru sur le site de Phosphore
http://www.phosphore.com/

Lexique

un micro : une micro-ordinateur

augmenter : rendre plus important

impérativement : obligatoirement

dactylographié : tapé à la machine à écrire ou bien sur ordinateur

rédhibitoire : qui constitue un obstacle majeur

un repère : marque qui aide à ne pas se perdre

un recruteur : un employeur

l'état-civil : renseignements administratifs sur une personne

pencher en la faveur de quelqu'un : être du côté de quelqu'un, aider quelqu'un

un passe-temps : ce qu'on fait quand on a du temps libre

concis : bref et précis

un stage : période de travail fait par un étudiant pour acquérir de l'expérience dans le domaine de ses études

peu importe : se dit quand quelque chose n'est pas important

lucidement : en réfléchissant bien

mettre en avant : souligner

un poste à pourvoir : une position pour laquelle on
   cherche un employé

Questions sur le texte

1. Quel est le meilleur instrument pour écrire un CV ?

   _____

   _____

   _____

   _____

2. Quelles sont les informations principales que l'on doit
    incorporer dans son CV ?

   _____

   _____

   _____

   _____

3. Peut-on mentir quand on écrit un CV ?

   _____

   _____

   _____

   _____

4. Dans quels cas peut-on faire preuve d'originalité
    lorsqu'on prépare un CV ?

   _____

   _____

   _____

   _____

5. Faites un résumé en quelques lignes de ce texte.

_____

_____

_____

_____

COMPREHENSION AUDITIVE

L'entretien

Carole, 23 ans, diplômée Marketing et Langues, est assistante chef de produit chez Irish Distillers :
« En décembre 96, j'étais en stage de fin d'études dans une centrale d'achats d'un grand magasin de Dublin. J'ai su qu'un poste d'assistante marketing se créait chez Irish Distillers. La responsable marketing de l'endroit où je travaillais, ancienne de la maison, m'a recommandée par lettre. Quatre jours plus tard, j'avais un entretien ; il a duré une heure. La responsable du recrutement m'a demandé quelles étaient mes compétences, mes ambitions de carrière, de salaire . . . J'ai joué franc-jeu ; j'ai demandé 10 000 F (€1 525). Je pense que mon audace lui a plu. Pour appuyer ma candidature, j'avais aussi passé une heure sur le site Internet la veille pour pouvoir faire mon commentaire sur les produits proposés.

Deux semaines plus tard, j'étais embauchée en CDI (contrat à durée indéterminée), avec un salaire de 8 000 F (€1 220).

Je pense que mes expériences multiples ont été un atout. J'avais voulu tout essayer avant de chercher un emploi. Vendeuse, attachée de presse, stage de production . . . j'ai tout fait!

En même temps, ils recherchaient quelqu'un de jeune, un esprit assez pur qui puisse être formé selon l'esprit de la société. C'est sans doute ce mélange de détermination et de fraîcheur qui a séduit. »

Christian Dubroc, chef de produit, responsable du recrutement chez Irish Distillers :
« Pourquoi nous l'avons recrutée ? Nous voulions quelqu'un de jeune et d'ouvert.

Fin 96, la responsable marketing et moi, nous ne pouvions plus gérer seuls l'entreprise devant la croissance de la marque. Nous avons décidé de créer un nouveau poste, celui d'assistante marketing. Carole a eu l'avantage de nous être recommandée par quelqu'un de la profession. Mais surtout, son CV correspondait sur de nombreux points au profil que nous recherchions. Je pratique un peu la graphologie pour le recrutement, et sa lettre de motivation révélait quelqu'un d'ouvert, de volontaire. La personne qui allait seconder la responsable de marketing devait être jeune, dynamique, curieuse, organisée. Lors de l'entretien, l'énergie de Carole m'a plu. Elle m'a semblé avoir beaucoup de qualités. Comme nous traitons beaucoup avec la France, son bon niveau en français a été un facteur déterminant. Il fallait aussi que la recrue ait une grande sensibilité produit, et l'envie de travailler en équipe. J'ai apprécié le fait qu'elle ait eu l'intelligence d'aller voir nos produits en ligne et qu'elle ait préparé une note de synthèse à ce sujet ! J'avais besoin de quelqu'un de confiance pour ce nouveau poste. Aujourd'hui,

Carole a en charge toute l'organisation des livraisons de nos produits. »

Questions sur le texte enregistré

1. Quelles sont les prétentions de Carole lors de son entretien ?

    _____

    _____

    _____

    _____

2. Quand a-t-elle eu des nouvelles de sa candidature ?

    _____

    _____

    _____

    _____

3. De l'avis de Carole, quel a été son atout durant l'entretien?

    _____

    _____

    _____

    _____

4. Pourquoi M. Dubroc désirait-il employer une assistante ?

    _____

    _____

    _____

    _____

5. Quel était l'avantage de Carole d'après Christian Dubroc ?

   _____

   _____

   _____

   _____

6. Donnez trois qualités recherchées dans la personne choisie durant les entretiens d'embauche.

   _____

   _____

   _____

   _____

7. Quel a été le facteur déterminant d'après l'employeur ?

   _____

   _____

   _____

   _____

8. Quel autre détail a joué en sa faveur ?

   _____

   _____

   _____

   _____

9. Quel est le mot clé qui pourrait résumer ce que recherchait l'employeur ?

   _____

   _____

   _____

   _____

10. Quelle est la position de Carole dans l'entreprise aujourd'hui ?

_____

_____

_____

_____

Lexique

Prétensions : le montant du salaire désiré

THEME

Traduisez le texte suivant en français en vous servant du vocabulaire que vous avez appris en lisant le dialogue.

1. Just find a free computer. After that it's easy: you open the search window and you enter the newspaper electronic address. Select "employment" on the left hand side of the page.

_____

_____

_____

_____

_____

_____

2. That's right: you only have to select the different options to start your search.

   _____

   _____

   _____

   _____

   _____

   _____

3. When you're looking for a job, you really need to be patient but with your qualifications and your experience, you shouldn't have any problem.

   _____

   _____

   _____

   _____

   _____

4. You have to decide what you really want to do. With a BA in Marketing, the ideal would be to work in promotion and sales. You see, your selection criteria need to correspond to your training.

   _____

   _____

   _____

   _____

   _____

   _____

5. My dream would be to work in Paris for an Irish company. That would allow me to use my two languages, French and English. I would love to keep in contact with Ireland through my work!

_____

_____

_____

_____

_____

_____

6. First of all, you write information about your status, then your training, then your experience, and finally a more general section entitled: "Other activities" or "Interests".

_____

_____

_____

_____

_____

_____

7. Don't be afraid to talk at length about your special interests, what you do in your leisure time, etc. Employers sometimes look favourably on you because of some specific detail: an uncommon hobby or occupation, a particular talent (theatre, music . . .)

_____

_____

_____

_____

_____

_____

8. Show that you have found your way in life. To do this, you need to play down your disadvantages. Never emphasise your failures.

    _____
    _____
    _____
    _____
    _____
    _____

9. There is no standard CV. Adapt your CV depending on the company you are dealing with: underline the competencies that are directly related to the position for which you are applying.

    _____
    _____
    _____
    _____
    _____
    _____

LA GRAMMAIRE

1. Pour donner des conseils : Faites la liste des verbes conjugués que vous trouvez dans le texte sur les conseils pour écrire un bon CV. Que remarquez-vous ?

2. Écrivez un texte court portant sur les conseils que vous donneriez à un ami qui désire créer son propre CV.

DISCUSSION ORALE

Débat

« Pour trouver un bon emploi, il suffit d'avoir un bon diplôme »

Êtes-vous pour ou contre cette affirmation ? Expliquez votre point de vue en donnant des exemples tirés du dossier ci-dessus et/ou de votre expérience personnelle.

APPENDICE

Quelques sites Internet utiles pour trouver des petites annonces en ligne :
www.fusac.fr
http://www.phosphore.com/
http://www.acusd.edu/~mmagnin/affaires.html

Et plus général, l'adresse d'un dictionnaire en ligne :
http://www.francophonie.hachette-livre.fr/

Pour aller plus loin, voici un texte supplémentaire sur le sujet
trouvé sur Internet (sur le site du journal Phosphore, à visiter
absolument) :

La lettre de motivation
La lettre de motivation est essentielle pour décrocher un
entretien. Agissez subtilement : le but est d'éveiller l'intérêt
du recruteur et de prouver votre détermination.

Appliquez-vous
La lecture de la lettre précède celle du CV, une raison de
plus pour bannir les erreurs de grammaire et autres fautes
d'orthographe.
Elle est plus personnalisée que le CV. Y figurent
obligatoirement : la date, le nom de la personne à laquelle
elle s'adresse en haut à droite. Et si cette personne vous est
totalement inconnue : précisez « Madame, Monsieur ».
Votre signature ne doit pas être totalement démesurée par
rapport au corps du texte.
Si votre lettre est manuscrite, appliquez-vous. Ne décidez
pas pour autant de changer d'écriture au dernier moment.
Surtout, écrivez vous-même (pensez à l'éventuel
graphologue qui décriptera vos hiéroglyphes). Sachez aussi
qu'il vaut mieux une lettre bien dactylographiée qu'une lettre
illisible au stylo.

Soyez convaincant
La lettre se compose de trois paragraphes distincts :
L'accroche : cette entrée en matière doit attiser la curiosité du
recruteur. Elle doit être courte et dynamique. Expliquez par
exemple les motifs pour lesquels vous avez choisi cette
société.

L'argumentaire : dévoilez, sans prétention, les éléments de votre parcours et de votre caractère qui font de vous la perle rare. Montrez que vous êtes prêts à vous investir, dites ce que vous pouvez apporter à l'entreprise (et non ce que vous attendez du poste). Prenez garde à ne pas retranscrire les informations de votre CV de manière différente.
La conclusion : pour finir, allez droit au but : demandez un entretien. Par exemple : « Je me permettrai de vous appeler dans dix jours pour m'entretenir avec vous et convenir, si cela est possible, d'un rendez-vous. »

Restez simple
Pour clore la lettre, choisissez une formule de politesse classique. Evitez de vous embarrasser de formules ampoulées (« hommages distingués », « l'expression de mes plus profonds respects » . . .). « Je vous prie d'agréer, Madame/Monsieur, l'expression de mes salutations distinguées » est une formule simple et passe-partout. Enfin, suivez vos intuitions et n'hésitez pas à enfreindre ces principes lorsque votre recrutement en dépend. Sachez vous adapter selon l'urgence et les circonstances.

DOSSIER II
ENTRETIEN D'EMBAUCHE

DIALOGUE

Une semaine après avoir envoyé son CV à plusieurs entreprises, Sinead a reçu sa première réponse positive. Elle a rendez-vous aujourd'hui avec Bernard Dufour, le chef du personnel de la société irlandaise Irish Distillers, dans les locaux de leur filiale parisienne . . .

Bernard Dufour : Je vous en prie Mademoiselle, asseyez-vous. Alors, je vois que vous avez étudié le marketing à Dublin . . .

Sinead : Oui, c'est exact, j'ai obtenu mon diplôme en marketing avec spécialisation en langue française l'année dernière. Durant mes quatre années à l'IUT, j'ai eu l'opportunité d'étudier différentes matières comme la vente ou le marketing.

Bernard Dufour : Hum, très intéressant, parlez-moi de votre expérience professionnelle, je vois que vous avez déjà travaillé ici à Paris . . .

Sinead : Oui, en effet, juste après mes derniers examens de troisième année, j'ai décidé de tenter ma chance à Paris, et après quelques semaines, j'ai réussi à trouver un poste qui correspondait très bien à mes qualifications. Heureusement, c'était un contrat à durée déterminée et après trois mois, le projet terminé, j'ai pu repartir à Dublin pour terminer mon cursus universitaire. La vie à Paris m'avait énormément plu et j'étais déterminée à y retourner pour y trouver un poste plus stable. Et c'est pour cette raison que je me suis permis de postuler pour le poste que vous proposez . . .

Bernard Dufour : Oui, très bien, oui, vous dites que vous adorez la vie parisienne . . . cependant, hum, accepteriez-vous de vous déplacer fréquemment ?

Sinead : Tout à fait, je connais finalement assez mal la France bien que j'y aie passé plusieurs étés avec ma famille. Cependant, les quelques régions que j'ai visitées m'ont enchantée et j'accepterais avec joie d'être mutée en province si l'occasion se présentait.

Je suis même prête à voyager dans toute l'Europe s'il le faut. J'ai eu la chance de pouvoir étudier une autre langue, l'espagnol, et je serais très heureuse de pouvoir utiliser mes compétences dans ce domaine. J'ai d'ailleurs effectué un stage de trois mois dans une entreprise irlandaise à Madrid et j'en garde un excellent souvenir !

Bernard Dufour : Que savez-vous de notre entreprise ?

Sinead : Irish Distillers est une entreprise de renommée internationale qui est en plein essor grâce à sa fusion avec la multinationale française Pernod-Ricard en 1988. C'est une des filiales les plus dynamiques du groupe grâce notamment à la production de 80% des ventes de notre fameux whiskey irlandais.

Bernard Dufour : Parfait ! dernière question : pensez-vous avoir le profil de l'emploi ?

Sinead : Eh bien, je vais être franche, je crois que ce poste est vraiment fait pour moi ! En effet, j'ai toujours voulu allier ma passion pour la langue française et mes racines irlandaises. Ce poste dans votre entreprise me convient donc parfaitement puisqu'il s'agit de développer le marché français pour des produits d'origine irlandaise. De plus, je pense avoir les qualifications requises grâce à mes études en marketing ainsi qu'à une solide expérience de la vente et du marketing. Ceci représente pour moi une occasion unique d'intégrer une entreprise dynamique au sein de laquelle les opportunités de carrière ne manquent pas.

Bernard Dufour : Tout à fait, eh bien, mademoiselle, je vous remercie de votre temps, nous vous contacterons dans quelques jours pour vous informer des résultats des entretiens.

Lexique

    le chef du personnel : la personne qui est responsable des recrutements

    les locaux : ici, les bureaux

    la filiale : entreprise créée et contrôlée par une autre entreprise (mère)

    durant : pendant

    l'opportunité : la chance, l'occasion

    un contrat à durée déterminée : ou CDD

    plu : participe passé de plaire

    postuler : se proposer pour un emploi

    finalement : ici synonyme d'en fait

    Cependant : néanmoins

    être muté(es) : votre employeur vous demande d'aller travailler dans une autre ville ou un autre pays

en province : en France, tout ce qui n'est pas Paris (et la région parisienne) est appelé « La province »

d'ailleurs : s'utilise pour ajouter un argument

effectuer : faire

le profil de l'emploi : les qualités requises (formation, expérience professionelle et personnalité)

allier : combiner

convient : verbe convenir, satisfaire

de plus : expression utilisée pour ajouter un argument

intégrer : incorporer

Questions sur le dialogue

1. Avec qui Sinead a-t-elle rendez-vous ?

_____

_____

_____

_____

2. Quelle est la formation de Sinead O'Rourke ?

_____

_____

_____

_____

3. A-t-elle eu des difficultés à trouver un emploi l'été dernier à Paris ?

_____

_____

_____

_____

4. Pourquoi était-elle heureuse que cet emploi soit un CDD ?

    _____

    _____

    _____

    _____

5. A-t-elle passé un bon été à Paris ?

    _____

    _____

    _____

    _____

6. Que recherche-t-elle maintenant qu'elle a terminé ses études ?

    _____

    _____

    _____

    _____

7. Pourquoi Sinead accepterait-elle avec plaisir d'être mutée ?

    _____

    _____

    _____

    _____

8. Que pensez-vous de ses connaissances en espagnol ?

    _____

    _____

    _____

    _____

9. Sinead connaît-elle bien la compagnie pour laquelle elle désire travailler ?

    _____

    _____

    _____

    _____

10. Quelles sont, à votre avis, les raisons pour lesquelles Sinead a choisi de répondre à cette petite annonce ?

    _____

    _____

    _____

    _____

COMPREHENSION DE TEXTE

Article de Journal

L'Irlande au coeur de la stratégie de Pernod Ricard Dublin, mars 2000.

Irish Distillers comprend 2 divisions à l'activité différenciée, d'une part les vins et spiritueux (production et distribution) et d'autre part la division distribution, avec BWG, opérateur en Irlande et en Grande-Bretagne. Dans le secteur des vins et spiritueux, les 4 marques principales du groupe Irish Distillers (Jameson, Powers, Bushmills et Paddy) représentent la plus forte progression mondiale des spiritueux et détiennent ensemble près de 80% du marché du whiskey irlandais, lequel connaît l'une des plus fortes expansions mondiales. C'est ainsi que depuis l'entrée d'Irish Distillers dans le groupe Pernod-Ricard, en 1988, les volumes de Jameson ont été multipliés par 3. Créée en 1780 par John Jameson, la marque est entrée, en 1996, dans le cercle très fermé des 100 marques mondiales « millionnaires en caisses ». Elle a ensuite détenu la meilleure croissance mondiale des whiskies. En 1999, Jameson a progressé de +10% aux Etats-Unis, et de +7% dans le reste du monde. Jameson a cependant été très affectée par l'abolition du secteur « duty free » à l'intérieur de l'Union Européenne (impact pour la marque : 10% de ses volumes). La marque ambitionne aujourd'hui de se hisser rapidement à la première place mondiale des whiskies « premium ». Jameson connaît l'une des meilleures rentabilités du Groupe et constitue pour Pernod-Ricard l'une des marques prioritaires à fort potentiel de développement. De son côté, Powers consolide son leadership sur son marché domestique, tandis que Paddy et Bushmills ont entrepris une carrière à la progression très rapide sur les marchés d'exportation. Bushmills est élaboré en Irlande du Nord, dans la plus ancienne distillerie du monde (1608). En France, l'un des principaux marchés du whisky, la catégorie des « Irish whiskeys » connaît la meilleure croissance de tous les spiritueux. Jameson détient 50% de ce segment et les autres marques du Groupe 30%. Irish Distillers élabore également la vodka Huzzar et le gin Cork. Sur son marché domestique, la société commercialise, en outre, l'ensemble des spiritueux stratégiques du Groupe ainsi que la gamme des vins du Nouveau Monde, dont Long Mountain (Afrique du Sud), Etchart (Argentine), Terra

Andina (Chili), et surtout Jacob's Creek (Australie) leader du marché.

Acquis par Irish Distillers en 1984, BWG a réalisé en 1999 un chiffre d'affaires hors droits et taxes de 940 millions d'euros, en progression de +37% dont une robuste croissance interne de +6.1%. La société a développé une expertise spécifique dans le domaine de l'approvisionnement du commerce de détail, notamment au niveau des « convenience stores » (superettes de proximité), un secteur en expansion en Grande-Bretagne et en Irlande. BWG dessert plus de 12 500 points de vente, dont un grand nombre de franchisés. Sous la houlette de Pernod-Ricard et d'Irish Distillers, BWG a entrepris au cours des 6 dernières années d'accroître son périmètre d'activité au travers d'un ambitieux programme d'acquisitions. La société détient aujourd'hui 23% du marché en République d'Irlande, 25% en Irlande du Nord mais seulement 5% au Royaume-Uni où des opérations de croissance extérieures seront recherchées. L'expertise de la société porte sur la logistique, l'innovation et le marketing des enseignes et surtout le conseil aux points de vente. La société BWG développe par ailleurs un programme avancé de commerce électronique vers ses fournisseurs et ses clients mais aussi en direction des consommateurs. En dépit des faibles marges réalisées dans ce secteur, par comparaison aux autres activités du Groupe, BWG apporte à Pernod-Ricard l'une des meilleures rentabilités par rapport aux capitaux investis. Au cours des 5 dernières années, la croissance moyenne des ventes a été de + 27% et celle de la rentabilité opérationnelle de +30,6%. En 1999, la création de valeur s'est accrue de 70%.

http://www.pernod-ricard.com/

Lexique

d'une part/ d'autre part : expression utilisée pour présenter des arguments

détenir : avoir/ jouir de

progresser : augmenter

affecter : toucher par

ambitionner : avoir pour ambition

se hisser : s'élever avec effort

rentabiliser : faire en sorte de produire un profit

tandis que : expression qui sert à opposer deux idées (synonyme : alors que)

en outre : expression utilisée pour ajouter un argument (synonyme : de plus)

la gamme : la série

l'approvisionnement : acte de fournir des produits

notamment : spécialement, particulièrement

desservir : assurer le transport des produits ou des gens

franchisé : entreprise qui utilise la marque d'une autre entreprise (le franchiseur)

sous la houlette de : sous la direction de

entrepris : participe passé du verbe entreprendre

au cours de : durant, pendant

accroître : augmenter

le périmètre d'activité : la zone d'activité

une enseigne : signe distinctif, ici société

par ailleurs : expression pour ajouter un argument, équivalent à « de plus »

un fournisseur : *supplier*

en dépit de : malgré

une marge : différence entre prix de vente et prix d'achat d'un produit

Questions sur le texte

1. Donnez les informations apparaissant dans la première partie de cet article qui prouvent que les affaires marchent bien pour Irish Distillers.

   _____

   _____

   _____

   _____

2. Quelles sont les dates importantes dans l'histoire du groupe ?

   _____

   _____

   _____

   _____

3. Quelle est la seule ombre au tableau dans le développement des produits du groupe ?

   _____

   _____

   _____

   _____

4. Quel segment du marché les whiskey Jameson visent-ils ?

   _____

   _____

   _____

   _____

5. Quelles sont les spécialités de la compagnie BWG ?

_____

_____

_____

_____

COMPREHENSION AUDITIVE

24 heures avec un pro Chef de produit

Sandrine Laffond, 29 ans, diplômée de l'ESC* Nancy, est chef de groupe chez Pernod-Ricard (responsable de plusieurs produits).

9 h 00 : Premier travail du jour : dépouiller la pile de courrier qui se trouve sur son bureau. Presse professionnelle, courrier d'agences de pub qui cherchent à décrocher des contrats, fax arrivés depuis hier soir, devis de création pour la prochaine campagne de promotion . . .

10 H 00 : La réunion opérationnelle débute. Elle a lieu tous les mois et regroupe les directions industrielle, marketing et vente. « On peut décider, par exemple, de relancer l'attrait du consommateur pour un produit en mettant au point un jeu-concours. Il faut modifier les étiquettes, donc demander à l'agence de promotion de nous faire une proposition. Il faut ensuite que les étiquettes soient livrées au bon moment au fournisseur de bouteilles pour la date de lancement fixée. »

12 h 00 : La réunion est terminée . . .

13 h 30 : Enfin, c'est l'heure du déjeuner ! Toute l'équipe marketing mange ensemble au restaurant d'entreprise. Mais Sandrine n'a pas le temps de déjeuner ce midi, il faut qu'elle passe au service informatique. Un petit café, et c'est reparti !

14 h 30 : Notre chef de produit se plonge dans l'étude des performances de vente réalisées par Pernod-Ricard sur différents types de marchés, ainsi que celles des produits concurrents. Elle finit par produire un compte rendu destiné à la direction. Avant de le transmettre à la direction, elle le fait relire par son supérieur.

17 h 30 : Le téléphone sonne : un commercial d'une entreprise de grande distribution négocie la présence de la marque dans un prospectus. Il souhaite une photo du produit emballé. Sandrine la lui promet et en profite pour fixer avec lui un rendez-vous afin de l'accompagner dans ses tournées : elle veut se rendre compte des besoins et des attentes des commerciaux. Sandrine raccroche et appelle dans la foulée l'agence d'emballage pour obtenir la photo.

18 h 30 - 20 h 00 : Le téléphone sonne moins, Sandrine est un peu plus libre de se concentrer. Elle en profite pour réfléchir aux recommandations qu'elle pourrait faire au service des ventes pour augmenter encore le succès du produit.

*   *École Supérieure de Commerce*

Questions sur le texte enregistré

1. A quelle heure Sandrine commence-t-elle à travailler ?

   _____

   _____

   _____

   _____

2. Donnez trois exemples du type de courrier que reçoit Sandrine.

   _____

   _____

   _____

   _____

3. Quand est-ce que la réunion opérationnelle a-t-elle lieu ?

   _____

   _____

   _____

   _____

4. De quelle façon peut-on relancer l'intérêt du client pour un produit ?

   _____

   _____

   _____

   _____

5. Quelle est la première chose que Sandrine fait après la réunion ?

_____

_____

_____

_____

6. Que fait Sandrine pour déjeuner ? Expliquez pourquoi.

_____

_____

_____

_____

7. Pourquoi veut-elle suivre le commercial dans ses tournées ?

_____

_____

_____

_____

8. Qu'est-ce qui empêche Sandrine de se concentrer ?

_____

_____

_____

_____

9. A quelle heure termine-t-elle sa journée ?

_____

_____

_____

_____

Jeu de rôle

Pour aller plus loin, vous pouvez imaginer que vous êtes Sandrine et que vous prenez rendez-vous avec un commercial. En effet, vous désirez l'accompagner dans une de ses tournées pour mieux vous rendre compte des besoins sur le terrain. Une personne joue le rôle de Sandrine, l'autre celui du ou de la commercial(e).

THEME

Traduisez le texte suivant en français en vous servant du vocabulaire que vous avez appris en lisant le dialogue.

Paul graduated two years ago. He did a course in Marketing in Dublin Institute of Technology, and had the opportunity to study subjects such as Marketing and Languages (French and Spanish). Just after his third year summer exams, he decided to try his luck in Paris and found a suitable job after a few weeks in the capital. He was lucky that this job was only a short-term contract, as he had to go back to Ireland in September to finish his degree. He loved Paris and the continental way of life and was determined to go back to find a more stable job once he had finished his studies. This was why he applied for another job in Paris the following year.

As he did not know France really well, he decided to spend the first few weeks of his summer travelling around the countryside. He even took the train to Madrid to visit some friends – he had done some work experience there in an Irish company three years previously. He was lucky to have studied Spanish in college as well and had very fond memories of the place.

He now works in Paris for a world famous Irish company which, since its merger with a multinational, is experiencing rapid expansion. It is one of the most dynamic branches of the group, thanks to its production of 80% of the famous Irish whiskey. He is very happy with his position, as he always wanted to combine his love for the French language and his Irish roots. He had the required qualifications thanks to his Marketing studies and a strong experience in marketing and sales. It represented a unique opportunity to become part of a dynamic company which provided him with good career opportunities.

He has now been working for the company for a year and a half and has already been promoted to the position of head of sales.

LA GRAMMAIRE

Pour raconter son parcours universitaire et son expérience professionnelle, on a besoin de l'imparfait et du passé composé. Essayez de vous rappeler comment se forment ces deux temps. Vous pouvez bien sûr consulter un livre de grammaire avec lequel vous avez l'habitude de travailler . . .

Ensuite, essayez de remplir les blancs dans les phrases suivantes :

1. Avant de suivre les cours de marketing à l'IUT, le commerce me (*sembler*) _____ être une matière difficile.

2. À mon arrivée en première année, je (*être*) _____ très timide.

3. Je (*effectuer*) _____ un stage de 3 semaines dans une entreprise d'import-export à Cork.

4. Les étudiants (*aller*) _____ plusieurs fois en vacances ensemble durant leurs années d'études.

5. Quand nous (*entrer*) _____ dans le laboratoire de langue, les techniciens (*travailler*) _____ encore sur l'installation des écouteurs.

6. Quand je (*obtenir*) _____ mon diplôme, je (*partir*) _____ directement en France pour trouver du travail.

7. La deuxième année (*demander*) _____ beaucoup plus de travail que la première. Ce (*être*) _____ difficile de trouver le temps nécessaire à tous ces projets!

8. Il y a 5 ans, il y (*avoir*) _____ une augmentation importante de la demande. Les années suivantes (*confirmer*) _____ cette tendance.

9. Les étudiants qui (*partir*) _____ étudier en France pour un an (*revenir*) _____ avec un avantage incontestable sur le reste du groupe.

10. L'année dernière, l'assistante de français (*représenter*) _____ la vraie Parisienne : elle (*porter*) _____ des tailleurs très chics et (*fumer*) _____ toujours des cigarettes pendant la pause!

❖ ❖ ❖

DISCUSSION ORALE

Jeu de rôle

Vous venez d'arriver à Paris et vous cherchez du travail. Vous vous rendez à l'ANPE pour vous y inscrire. Expliquez votre cas (formation, expérience, etc).

Vous travaillez à l'ANPE, vous devez définir le profil de la personne en face de vous (A) en lui posant des questions.

Débat

« **Est-il obligatoire pour un étudiant en langues de connaître le pays de la langue qu'il apprend ? »**

Un groupe peut être pour, l'autre contre.

DOSSIER III
PREMIERS CONTACTS

DIALOGUE

Sinead a été ravie de recevoir une lettre qui lui proposait un emploi chez Irish Distillers. Elle doit se présenter dans la succursale parisienne, située rue du Bac, lundi 13 octobre. Elle est un peu nerveuse. M. Dufour, le chef du personnel, l'attend à la réception.

M. Dufour : Bonjour Sinead. Vous êtes la bienvenue. Je suis là pour vous accueillir ainsi que pour vous expliquer un peu en quoi consistera votre travail. On va tout d'abord vous montrer votre bureau qui est au premier étage.

Sinead : C'est très gentil de votre part, Monsieur Dufour. Je suis vraiment contente d'avoir trouvé un poste chez Irish Distillers. C'est une société dont j'ai entendu beaucoup de bien. Et puis j'imagine qu'un bon nombre de personnes avait postulé pour ce poste.

M. Dufour : Oui, notre petite annonce a suscité beaucoup d'intérêt auprès du public. Mais les autres candidats n'ont pas eu l'avantage d'apporter le charme irlandais! Non, sérieusement vous avez passé un très bon entretien et le jury n'a pas hésité à vous faire cette offre d'emploi. Vous aviez fait des recherches et sembliez bien connaître la société. Cela est très important. Et puis le fait que la marque Jameson se vende très bien en France depuis la fusion de Pernod-Ricard et Irish Distillers a prouvé qu'il existe un marché potentiel assez fort pour le whiskey en France. Nous voilà arrivés à votre bureau. Vous voyez, il y a un ordinateur, une imprimante, un téléphone, un classeur, des fichiers, tout ce dont vous aurez besoin. J'espère qu'il vous conviendra.

Sinead : C'est parfait, je vous jure. Je suppose que l'ordinateur est branché sur l'Internet ? J'aime bien avoir accès au courrier électronique : c'est si rapide vous ne trouvez pas ?

M. Dufour : Oui, je m'en sers régulièrement. Cela dit, il y a des moments où une lettre formelle vaut plus qu'un mél. On m'a chargé de vous parler de la façon dont on envisage votre rôle dans la compagnie. Vous serez responsable pour la promotion de Jameson en France. Cela vous obligera à vous déplacer à travers la France pour discuter avec les détaillants de leur impression de la marque. On a lancé une campagne publicitaire il y a un an qui a déjà porté ses fruits. La campagne d'affichage s'est avérée particulièrement efficace. Le slogan « *Pourquoi se presser* » a capté un aspect du caractère irlandais qui plaît aux Français : ce besoin de se détendre et de s'amuser en allant discuter de choses et d'autres dans le pub. C'est toujours comme ça chez vous ?

Sinead : Ne faites pas l'erreur de croire tout ce que dit la publicité, M. Dufour. L'Irlande n'est plus le pays vert et tranquille d'il y a vingt ans. Les choses ont beaucoup évolué depuis l'émergence du Tigre Celtique. Mais les gens aiment toujours s'amuser et boire : cela n'a pas changé. On m'a dit qu'il faudra que je fasse des promotions dans les hypermarchés. J'en ai déjà fait pour d'autres produits et puis le Jameson est un produit irlandais et donc on va trouver mon accent plus authentique !

M. Dufour : Vous parlez fort bien le français. On ne saurait pas votre pays d'origine tant vous maîtrisez parfaitement notre langue. Bon, je vous laisse faire la connaissance des autres membres de notre équipe de marketing. D'abord, il y a Stéphanie Laroque qui va vous accompagner dans les hypermarchés. Stéphanie, veux-tu bien présenter ta nouvelle collègue aux autres ?

Mlle Laroque : Volontiers, Monsieur Dufour. Voulez-vous bien me suivre Mademoiselle ?

Lexique

être ravi(e) : être très content(e)
une succursale : une filiale
accueillir : recevoir une personne
auprès du public : parmi le public
la marque : *the brand*
conviendra : futur du verbe convenir (*to suit*)
la campagne d'affichage : la promotion par l'utilisation d'affiches (dans les métros, par exemple)
efficace : réussi(e)

Questions sur le dialogue

1. Pourquoi Sinead a-t-elle été nommée au poste chez Irish Distillers d'après M. Dufour ?

_____

_____

_____

_____

2. Le bureau de Sinead est-il bien équipé d'après vous ?

_____

_____

_____

_____

3. M. Dufour s'y connaît-il en informatique ? Justifiez votre réponse.

_____

_____

_____

_____

4. Expliquez le succès de la marque Jameson en France.

_____

_____

_____

_____

5. Quelle est l'image de l'Irlande qui est mise en lumière par la campagne publicitaire ?

_____

_____

_____

_____

6. Sinead aura-t-elle des problèmes à se faire comprendre en français quand elle fera la tournée des hypermarchés ?

_____

_____

_____

_____

COMPREHENSION DE TEXTE

Article de Journal

Pays de l'Est : comment Coca a liquidé Pepsi

Dans l'ex-bloc soviétique, la guerre des colas atteint son paroxysme. Nulle part ailleurs sur la planète la compétition industrielle et marketing n'est aussi féroce.

« Pollution! Sabotage ! » Sergueï n'est pas content, mais pas content du tout. Il peste, interpelle les vendeurs, convoque, puis sermonne le patron de la supérette où nous avons eu le malheur de nous arrêter. Motif de la colère du chef des ventes de Coca-Cola Moscou : des boîtes de Pepsi et de 7-Up ont été placées dans le beau frigo rouge prêté par Coca au magasin. Et ça, pour Sergueï, c'est comme si on touchait à un cheveu de son fils unique.

Pas de doute : sur ce front de l'Est, de Moscou à Budapest, la guerre du soft-drink atteint son paroxysme. Depuis 1991, les deux rivaux ont dépensé plus de 20 milliards de francs en construction d'usines, mise en place des réseaux de distribution tentaculaires, actions de sponsoring . . . Avec, partout, le même et lassant épilogue: la victoire par « blitzkrieg » de Coca.

Près de 4 milliards de francs investis en sept ans

Exemple éloquent : la Russie. « En Russie, il s'y vendait cinq Pepsi pour un Coke. Fin 1996, nous sommes passés devant », jubile Iwan Williams, big-boss de Coca-Cola Russie. « En 1998, on y achète désormais trois Coke pour un Pepsi. » Pour humilier définitivement son rival, le géant d'Atlanta va bientôt désaltérer les clients du Pizza Hut de Moscou, une chaîne qui appartenait à Pepsi jusqu'à l'an dernier et qui est toujours liée à son ex-propriétaire par un accord d'exclusivité mondiale . . . sauf dans la capitale russe.

Nouveau tsar du soft-drink, Coca-Cola n'a pourtant investi son premier dollar par-delà l'ex-rideau de fer qu'en 1991, après 36 ans de frustration. Tout le monde se souvient de Nikita Khrouchtchev, premier secrétaire du parti communiste de l'Union soviétique trinquant au Pepsi avec Richard Nixon, le vice-président américain, devant les caméras du monde entier. C'était en 1959. Pepsi était consacré cola officiel de l'URSS et de ses satellites. Un lointain souvenir. Le monopole n'a pas survécu à la chute du communisme et aux assauts de Coca.

Fantastique percée : en sept ans, rien qu'en Russie, la firme d'Atlanta a investi 4 milliards de francs, construisant douze usines d'embouteillage, souvent en un temps record. Le site de Rostov a ainsi été mis en service sept mois après la pose de sa première pierre. Depuis 1996, les effectifs de Coca-Cola Russie sont passés de 3 500 à 10 000 personnes. Ajoutez à cela le matraquage publicitaire, le maillage serré du territoire . . .

Face à cette déferlante, Pepsi a d'abord fait donner l'artillerie marketing : concerts gratuits de pop stars internationales, cosmonautes de la station Mir sirotant leur Pepsi en direct à la télé . . . En vain.

Fin 1996, le groupe new-yorkais a alors changé sa stratégie industrielle. Stoppant net la sous-traitance de son embouteillage à des combinats de l'ex-URSS, Pepsi a annoncé la construction de onze usines d'ici à 2001. Investissement : 3,1 milliards de francs. L'unité moscovite (300 millions de francs) a été inaugurée l'an dernier. Cette contre-attaque a permis à Pepsi de regagner des parts de marché en 1998. Mais à quel prix ! Selon un analyste new-yorkais, avant le krach boursier de l'été (et la chute de 400% du rouble face au dollar), Pepsi Russie avait déjà des coûts deux fois supérieurs à ses recettes. La firme a déjà provisionné 1,2 milliards de francs mais continue d'investir en pub et en marketing. Coca a lui aussi subi de très lourdes pertes en 1998. Ses usines tournent à 50% de leur capacité. « Mais, qu'importe ! Nous tiendrons le temps qu'il faudra », a réaffirmé à Davos son PDG, Douglas Ivester.

Chaque Hongrois boit 73 litres de cola par an!

A Purchase, au siège de Pepsi, on évoque ce front de l'Est dans une langue de bois toute soviétique: « La Russie et les pays de l'Est gardent un énorme potentiel . . . » Pour l'heure, les efforts du numéro 2 du cola se concentrent sur le dernier pays où il résiste encore à la « déferlante rouge », la Hongrie. Dans cet état de 10 millions d'habitants (où chacun d'eux écluse 73 litres de cola par an, soit plus qu'un Californien !), il ne se vend « que » 1,4 soft-drink de Coca-Cola pour un produit Pepsi (contre 3 à 3,5 dans le reste du monde). Et les « bleus » sont déterminés à ne rien lâcher : prix cassés (une bouteille de 2 litres de Pepsi vaut jusqu'à 3,80 francs, contre

4,50 francs pour celle de Coke), déluge de promotions (coupons offrant des tee-shirts ou des weekends de ski). Pepsi a aussi négocié avec un des distributeurs magyars, le groupe Julius Meinl (160 magasins), 80% de l'espace réservé aux soft-drinks dans ses supérettes. En échange, il lui verse une rente de 10 millions par an.

Face à cette offensive, Coca a réagi en organisant, d'octobre à fin janvier, une loterie géante distribuant plus de 3,3 millions de francs de prix. Sous les capsules des bouteilles se nichaient des pastilles plastifiées permettant de gagner jusqu'à 250 000 francs (le salaire moyen en Hongrie est de 2 000 francs). Enfin, Coca a créé, à 100 kilomètres de Budapest, un parc d'attractions nautiques avec plage artificielle, animations et concerts (Sheryl Crow, Simple Minds, etc.). L'entrée y est gratuite. En 1998, 9% de la population hongroise a fréquenté ce « Coca-Cola-les-Bains », qui coûte à la filiale hongroise 2% de son chiffre d'affaires annuel.

Mais qu'importe ! Ce qui compte pour Coca-Cola, c'est de faire la nique à Pepsi, dont le festival de rock sur l'île Danube, à Budapest, attire chaque été 250 000 fans. On attend la riposte des « bleus ».

D'après Capital, Mars 1999.

Lexique

pester : râler, s'énerver, entrer en colère contre quelqu'un ou quelque chose

interpeller quelqu'un : dire à quelqu'un de venir vous voir

toucher à un cheveu de son fils unique : blesser quelqu'un qui vous est cher

un réseau : *a network*

désormais : à partir de maintenant

désaltérer : (dans ce contexte) arroser/donner à boire
trinquer : (argotique) boire
survivre à la chute du communisme : *survive the fall/
demise of communism*
un assaut : une attaque
une percée : une victoire
les effectifs : les ouvriers
une déferlante : une grosse vague, un raz de marée
la sous-traitance : *farming out/subcontracting*
le krach boursier : *the collapse of the stock exchange*
une langue de bois : expression qui signifie qu'on
n'explique rien
écluser : boire/vider
ce qui compte : ce qui est important

Questions sur le texte

1. Expliquez pourquoi Sergueï se fâche quand il entre dans le
   magasin.

   _____

   _____

   _____

   _____

2. Comment la situation de Pepsi a-t-elle changé en Russie
   depuis 1959 ?

   _____

   _____

   _____

   _____

3. Décrivez les différentes stratégies de marketing employées par Pepsi et Coca-Cola. Laquelle préférez-vous ?

_____

_____

_____

_____

4. Soulignez les efforts faits par les deux rivaux pour assurer leur positionnement en Hongrie.

_____

_____

_____

_____

5. Imaginez que vous êtes nommé(e) chef des ventes chez Pepsi France. Écrivez le discours que vous faites à l'équipe de marketing.

_____

_____

_____

_____

_____

_____

_____

COMPREHENSION AUDITIVE

Pour l'eau minérale, l'important c'est la bouteille

La nouvelle bouteille Perrier – lancée au prix de 15 F (€2,28) – prend acte d'un constat désormais bien établi : l'avenir des eaux minérales passe par la conquête du « *troisième marché* », c'est-à-dire la consommation hors domicile dans les fast-foods, les transports, les parcs de loisir, les lieux de détente ou via les distributeurs automatiques. Stimulé par ces nouvelles habitudes, ce fameux « *troisième marché* » se développe une fois et demie plus vite que les deux autres, celui de la consommation à domicile et celui des bars et restaurants classiques.

Ce nouveau packaging destiné aux « nomades » s'adresse tout spécialement aux 20-35 ans, amateurs de jogging, de VTT ou de roller et pas encore forcément habitués à se rafraîchir avec de l'eau « à bulles ». En France, contrairement à l'Italie, l'eau plate reste en effet largement plus populaire que l'eau gazeuse.

Pour Perrier, il s'agit d'attirer plus nettement l'attention sur ses produits au milieu de la cohue du rayon « eau minérale » dans les grandes surfaces, particulièrement encombré, où se multiplient des concurrents cherchant à détourner la clientèle habituelle des « grandes eaux » en baissant les prix. « *Aujourd'hui, pour vendre de l'eau minérale, il faut surtout vendre un emballage. C'est sur ce terrain que l'on fait la différence, pas sur le goût, comme le confirment les tests en aveugle réalisés régulièrement* », assure un expert du secteur.

En d'autres termes, le contenant prime nettement sur le contenu. Pour réussir, il faut donc à la fois s'appuyer sur une signature connue, légitime et rassurante mais parvenir également à se faire remarquer par la forme moderne et originale de sa présentation. Du reste, les grands formats en bonbonne de cinq litres, réservés jusqu'alors aux fontaines à eau des entreprises (une sur trois en est équipée), commencent à remporter un réel succès auprès des particuliers.

Virgin Cola fournit un autre exemple de cette guerre des bouteilles. Lancée fin 1996 en France, la marque appartenant au groupe fondé par Richard Branson est parvenue à atteindre 3 % du marché mais ne progresse plus. Pour attirer l'attention et s'adapter elle aussi à la consommation « hors foyer », la marque lance pour l'été la « *bouteille fraîcheur* » vendue à partir de 6,80 F (€1,03).

Également en plastique, celle-ci « *conserve le liquide plus frais plus longtemps qu'une bouteille classique* ». Virgin Cola, assure que, deux heures après qu'on l'a sortie du réfrigérateur, par une température ambiante de 25 degrés, elle garde son contenu à une température de 4 degrés plus fraîche que celle d'une bouteille classique. En cas de succès, l'opération sera renouvelée chaque année. « *Sachant que le corps humain est sensible à une différence de température inférieure à un degré, les 4 degrés gagnés par la bouteille fraîcheur vont vraiment changer la vie des amateurs de cola* », assure Virgin.

D'après Jean-Michel Normand
LE MONDE 26.05.01

Questions sur le texte enregistré

1. Quelle est la signification de la nouvelle bouteille Perrier en ce qui concerne l'avenir des eaux minérales ?

   _____

   _____

   _____

   _____

2. Qu'est-ce que c'est que le « *troisième marché* » au juste ?

   _____

   _____

   _____

   _____

3. Quel est le public visé par ce nouveau packaging ?

   _____

   _____

   _____

   _____

4. L'emballage est-il important selon les experts ? Pourquoi ?

   _____

   _____

   _____

   _____

5. Décrire les garanties fournies pour fidéliser leurs clients et pour en attirer de nouveaux.

_____

_____

_____

_____

❖ ❖ ❖ ❖

THEME

Traduisez le texte suivant en français en vous servant du vocabulaire que vous avez appris dans ce dossier :

1. John was delighted to get a letter offering him a job with Renault for the summer holidays.

_____

_____

_____

_____

2. M. Larousse, the Personnel Officer, met him at the airport and explained to him what his work would consist of.

_____

_____

_____

_____

3. Renault is a company about which John had heard a lot of good things.

_____

_____

_____

_____

4. John's office had everything he needed: a phone, a computer connected to the Internet, a printer.

_____

_____

_____

_____

5. Perrier launched an advertising campaign three years ago which is already bearing fruit. Their sales in France went up 12% in three years. The poster campaign was particularly successful.

_____

_____

_____

_____

6. One should not believe everything that is said in advertisements. For example, Ireland is no longer the quiet green country it was 10 years ago.

_____

_____

_____

_____

7. The fact that John speaks perfect French is an advantage in his work. He also likes to go out and enjoy himself, to get to know his new colleagues. He now knows most of the marketing team very well.

_____

_____

_____

_____

LA GRAMMAIRE

Afin de décrire une action antérieure à une autre dans le passé, la langue française utilise le Plus-que-parfait. Il se forme avec l'auxiliaire (avoir ou être) à l'Imparfait auquel on ajoute le participe passé du verbe désiré. Les règles d'accord sont les mêmes que pour le passé composé.

Essayez de trouver la forme correcte des verbes entre parenthèses dans les phrases suivantes. Bonne chance . . .

1. Quand les industriels (*acheter*) _____ leurs produits sur place, on savait que la marchandise était de bonne qualité.

2. Les enfants étaient contents parce qu'on leur (*permettre*) _____ de rester quelques minutes de plus.

3. Lorsqu'il (*ouvrir*) _____ son compte-épargne dans cette banque, il ne savait pas qu'il faisait une si bonne affaire.

4. Il serait rentré chez lui plus tôt s'il (*ne pas . . . boire*) _____ tant de whiskey.

5. Elles (*toujours savoir*)_____ que les résultats de ses examens détermineraient son avenir.

6. Elle (*s'asseoir*) _____ et puis soudain il y (*avoir*) _____ un bruit épouvantable.

7. La jeune étudiante (*annoncer*) _____ la bonne nouvelle à ses parents avant la rentrée.

8. Cette année-là, nous (*devoir*) _____ terminer la campagne publicitaire au plus vite car les coûts dépassaient nos prévisions.

DISCUSSION ORALE

Débat

En tenant compte du texte étudié dans ce chapitre 'Pays de l'Est : comment Coca a liquidé Pepsi', discutez l'affirmation suivante :

**« Pepsi emploie une campagne publicitaire plus
efficace que celle de Coca. »**

Un groupe doit être pour, l'autre contre.

DOSSIER IV

SUR LE TERRAIN

DIALOGUE

Sinead se trouve dans un hypermarché dans le Sud (près de Toulouse) avec sa collègue, Stéphanie Laroque. Sur place, elles font la promotion du Jameson. Elles proposent à boire aux consommateurs qui passent et font de la publicité pour leur produit.

Sinead : Tu sais, Stéphanie, il faut de l'énergie pour ce genre de travail. Se tenir debout pendant sept heures dans un hypermarché, ce n'est pas facile.

Stéphanie : Non, en effet. Mais moi, j'aime bien le contact personnel avec les gens. On apprend beaucoup sur le terrain : ce qui marche, ne marche pas, l'image de marque de son produit, l'intérêt des gens, tout cela est indispensable.

Sinead : Regarde, un homme approche. Il a l'air très sérieux : je me demande s'il s'agit d'un buveur de whiskey. Bonjour, monsieur, voudriez-vous essayer un verre de whiskey irlandais? C'est très bon le Jameson.

Le passant : J'ai bien remarqué la campagne d'affichage lancée ces derniers mois pour votre produit. Cela m'a donné

envie d'essayer le whiskey irlandais. Normalement, ma boisson préférée c'est le Scotch.

Sinead : Voici un verre de Jameson, Monsieur. Vous ne serez pas déçu, surtout que vous êtes un amateur du whiskey. Remarquez, le goût est léger et très rafraîchissant. Attendez, il faut des glaçons. Voilà un whiskey qui vous transmet un peu de l'Irlande, ce beau pays vert que l'Europe nous envie !

Stéphanie : Vous remarquez, Monsieur, que ma collègue exagère un peu à cause de sa nationalité irlandaise. Mais on peut lui pardonner ce petit péché, n'est-ce pas !

Le passant : Ah, vous êtes irlandaise, Mademoiselle ! On dirait une Française : vous parlez fort bien le français. Euh, ce n'est pas mal, en effet, votre whiskey. Oui, très doux, très fin comme goût. Je vais en acheter une bouteille. J'ai des amis, de vrais « rugbymen », qui vont souvent en Irlande pour les matches des Six Nations. Il faut que je leur fasse goûter votre whiskey. Evidemment, il n'y a pas que la Guinness qui vienne de l'Irlande . . .

Sinead : C'est vrai, monsieur. Voici un bon qui vous accordera une remise de 10% à la caisse. Bonne journée et bonne dégustation !

Le passant : Merci et au revoir mesdemoiselles.

Stéphanie : Il est bien que notre campagne d'affichage ait attiré l'attention des gens. Tu as été une vraie professionnelle, ma chère. Le monsieur a écouté tout ce que tu lui as dit. Les consommateurs te font confiance; c'est fou mais c'est un grand atout pour toi. On va bientôt annoncer notre promotion. Cela promet d'être une journée intéressante !

Sinead : Je trouve les gens du Sud très chaleureux par rapport aux Parisiens. Maintenant, ce sont les jeunes dont nous devrons attirer l'attention car le buveur moyen du whiskey est âgé de plus de quarante ans. Comment faire comprendre aux jeunes que le whiskey est « cool », branché, bref le dernier cri ? C'est un marché potentiel plein de possibilités.

Stéphanie : Calme-toi, Sinead, veux-tu ! On a de quoi nous occuper aujourd'hui. Rome n'a pas été bâtie en une seule journée. Je vais aller chercher deux cafés . . . à moins que tu ne préfères un whiskey !

Sinead : Je prendrais bien un café, merci. C'est un peu tôt pour le whiskey !

Lexique

> **il s'agit de** : il est question de
> **un amateur** : (ici) quelqu'un qui est amoureux de quelque chose, qui aime q.ch.
> **léger** : *light (in weight)*
> **des glaçons** : *ice cubes*
> **faire goûter quelque chose** : donner à boire ou à manger (un échantillon)
> **dégustation** : quand on boit quelque chose pour voir ce que l'on pense du goût
> **branché** : dans le vent, *'cool'*
> **le dernier cri** : très à la mode

Comme Cindy, ils sont des millions chaque jour – yuppies de New York, banquiers de Londres et minettes de Tokyo – à débourser plus de 10 francs (€1,5) (trois fois le prix français !) pour une simple bouteille d'eau. De l'eau plate, sans bulles, sans rien. « Nous sommes devenus le dom Pérignon de la flotte », s'emballe René Antoine, grand manitou de l'internationalisation des marques du groupe Danone. Les amateurs de champagne apprécieront. Mais il est vrai que, avec 1,5 milliard de litres vendus chaque année (deux fois plus qu'il y a quinze ans), Evian, déjà champion de France, est désormais la première marque mondiale d'eau minérale. La moitié de la production de cette source miraculeuse, nichée aux bords du lac Léman, passe désormais les frontières de 120 pays.

De l'or blanc, ce business de l'eau. Il fait partie d'un des trois « pôles d'activité mondiale » de Danone (88,5 billions francs (€13,5 billions) de chiffre d'affaires) à côté des produits laitiers et des biscuits. A l'intérieur de ces trois métiers, cinq marques, dont Evian, ont vocation à être planétaire : Danone, bien sûr, Lu, Galbani (la mozarella) et Kronembourg. Leur chiffre d'affaires relève du secret défense mais on peut estimer celui d'Evian à plus de 3 billions francs (€457 million), l'ensemble des eaux du groupe (Volvic, Badoit, Salvetat . . .) totalisant 8,5 billions (€1,277 millions). Mieux : alors que la marge opérationnelle moyenne de Danone est de 9,4%, celle d'Evian serait, d'après les analystes financiers, proche de 19% ! « C'est la marque qui gagne le mieux sa vie dans la profession », concède un concurrent.

Ce boom a attiré bien des convoitises. « Le nombre de marques d'eau en France a doublé en cinq ans », confirme un acheteur de Carrefour. Trois géants – le suisse Nestlé (Contrex, Hépar, Vittel), Danone et l'autre français, Neptune

(Vichy, Cristaline) – plus une multitude de marques distributeurs se disputent le marché national, estimé à 10 milliards de francs. La plupart des nouvelles venues sont des eaux de source. A la différence des eaux minérales, un label décerné par le ministère de la Santé et garantissant des propriétés thérapeutiques, elles ne sont pas astreintes à une composition chimique stable. Elles peuvent donc provenir de plusieurs gisements. C'est le cas de Cristaline, vendue 1 franc (€0,15) le litre et demi, trois fois moins que les grandes marques, et dont les volumes ont augmenté de 28% l'an dernier. Résultat : Evian, tout en restant numéro un des eaux plates en France avec 13,9% de parts de marché (devant Contrex et Cristaline), a dû céder du terrain (–0,6% entre mars 1997 et mars 1998). « Mais ce sera toujours la plus belle marque mondiale d'eau minérale » assure et se rassure Franck Riboud, qui a plus d'un atout pour tenir cette promesse.

Evian a été la première à lancer la bouteille compactable
Pour amortir leurs coûts de production, il faut vendre beaucoup de bouteilles ! « Pas question de toucher au produit », rappelle Jocelyne Mucig, de l'équipe marketing d'Evian. « Mais on peut pousser la consommation en modernisant l'emballage. » L'innovation technologique est l'un des principaux atouts de cette marque fétiche de Franck Riboud, qu'il a pilotée en direct de 1990 à 1992. Première à remplacer le verre par le PVC en 1969, Evian a révolutionné le conditionnement en lançant les bouteilles de 1,5 litre (1978), les petits format de 50 et 33 cl (1982), le bouchon à vis (1984), la poignée sur les packs de 6 (1988), le Bib'Evian (1990), puis la bouteille en verre sculptée éditée pour les JO d'Albertville (1992) et reproduite chaque année à Noël.

Mais son plus beau coup, Evian l'a joué en février 1995 en lançant, après sept ans de recherche, sa bouteille compactable : dessin des montagnes en relief, matériau à la fois plus solide et transparent, et, surtout, la possibilité de réduire le volume de la bouteille vide de un à quartre, par simple pression. Du jour au lendemain, le sport favori des commerciaux d'Evian est devenu le lancer de bouteilles, devant le regard médusé des acheteurs de la grande distribution, pour prouver sa résistance. La part de marché de l'eau des Alpes a bondi d'un point en quelques mois.

« Une telle réactivité des consommateurs prouve bien que l'eau est bien plus que de l'eau », affirme Dominique de Gramont, de l'Institut des études de consommation. Pardon? « Evian est devenu un cas d'école marketing », précise un professeur d'HEC. L'an dernier, sur le seul marché français, Evian a dépensé 90 millions de francs de pub, presque autant que Coca-Cola ! Aux Etats-Unis, avec le même budget, l'eau française représente la moitié des investissements publicitaires du sectaire. Dans les milliers de pages de magazines et de spots télé qu'elle s'offre, Evian a un discours parfaitement rodé. « Les campagnes évoluent mais on vend toujours la même chose, la pureté, la santé. Et ces thèmes n'ont jamais été aussi porteurs », explique Mercédès Erra, de l'agence Euro RSCG.

Seulement voilà. Positionnée sur un tel créneau, une marque n'a pas le droit à l'erreur. Or, l'an dernier, on a frisé la catastrophe. En pleine affaire Dutroux, le pédophile belge, Evian a sorti une campagne presse présentant des enfants nus. Panique au siège de Danone. En 24 heures, tout a été annulé. Comme un malheur n'arrive jamais seul, c'est le moment qu'a choisi Intermarché pour lancer sa propre marque et s'en prendre, par voie de pub, au trio qui totalise

75% des ventes d'eau de France (Nestlé, Danone, Neptune). Ce bras de fer s'est soldé par le retrait d'Evian des rayons pendant plusieurs semaines. En interne, ça a tangué. Une bonne partie de l'équipe marketing a été remerciée et Henri Giscard d'Estaing, alors patron d'Evian, a quitté le groupe pour le Club Med. Pourtant, cet accident de parcours n'a pas empêché Evian d'afficher une progression de ses volumes. La raison ? Les ventes hors de France, la moitié du total, s'emballent. Le dernier atout d'Evian est là, dans ce succès inattendu sur les marchés étrangers.

Le pari de l'export n'était pourtant pas gagné d'avance. « On a démarré par les Etats-Unis en 1978 sous les quolibets des concurrents et dans le scepticisme général au sein du groupe », se souvient René Antoine, patron de l'international de Danone. Il fallait en effet un sacré culot pour aller vendre une eau plate et chère à transporter à des buveurs de Soda ! Sauf à la transformer en produit de luxe. « Mes 10 000 premières caisses ont été les plus dures », raconte Philippe-Loïc Jacob, (33 ans), pionnier de l'implantation d'Evian au Canada, devenu directeur de la filiale eaux minérales en Argentine. Mais en démarchant les hôtels de luxe et les grands restaurants, en fournissant à l'oeil les tournois de sports chic comme le golf ou le tennis, en livrant gratuitement les concerts de rock et les défilés de mode, en désaltérant gracieusement toutes les équipes de tournage d'Hollywood, les jeunes commerciaux d'Evian en ont fait un « must ».

D'après *Capital*, Août 1998.

Lexique

dopé(e) par : stimulé(e) par

l'agroalimentaire : l'industrie qui fabrique des produits à manger à partir de la nature et de l'agriculture

débourser : dépenser

grand manitou : le grand chef

la convoitise : l'envie, le désir

un gisement : une source

céder du terrain : faire pas en arrière face à l'ennemi

amortir les coûts : réduire les coûts

les acheteurs de la grande distribution : les gens qui achètent pour les grandes surfaces

un discours rodé : un discours qui marche bien, car souvent utilisé

friser la catastrophe : éviter de très peu le désastre

tanguer : bouger (comme dans un bateau)

afficher une progression de ses volumes : démontrer une augmentation de son rendement

s'emballer : s'envoler

sous les quolibets de : sous les plaisanteries de

avoir un sacré culot : faire preuve de beaucoup de courage

Questions sur le texte

1. Pourquoi Franck Riboud s'intéresse-t-il tant aux caprices de Cindy Crawford ?

   _____

   _____

   _____

   _____

2. Essayez d'expliquer la popularité étonnante de l'eau plate d'Evian.

_____

_____

_____

_____

3. Pourquoi décrit-on, au sein de Danone, l'eau d'Evian comme de l'or blanc ?

_____

_____

_____

_____

4. Qu'est-ce qui différencie Evian de ses concurrents ?

_____

_____

_____

_____

5. Expliquez la stratégie de marketing employée par Evian. Est-elle efficace d'après vous ?

_____

_____

_____

_____

6. Comment l'implantation aux Etats-Unis s'est-elle effectuée ?

_____

_____

_____

_____

7. Faites un résumé en quelques lignes de ce texte.

_____

_____

_____

_____

COMPREHENSION AUDITIVE

Vous allez entendre l'enregistrement d'une promotion en grande surface. Écoutez-le attentivement et essayez de remplir les cases du tableau suivant :

Produits	Informations supplémentaires	Prix initial	Prix promotionnel

« BIENVENUE dans notre magasin *Champion*, aujourd'hui samedi, grande opération promotion pour fêter la Saint-Valentin. Ah oui !, avis à tous les amoureux, les magasins *Champion* offrent des promotions exceptionnelles cet après-midi ! Pour commencer, nous vous offrons au rayon parfumerie, pour mesdames mais aussi pour messieurs, des réductions incroyables sur toute la gamme des parfums *Champion*. *L'eau Jeune* est à 9,80 euros au lieu de 11 jusqu'à 18 heures, alors messieurs, si vous voulez faire plaisir à Madame, précipitez-vous au rayon parfumerie. Le flacon de *Mystère*, est aussi en promotion à 12 euros 50 le flacon de 150 ml. Il faut vraiment en profiter !

Pour ceux qui préfèrent les plaisirs de la table, nous vous proposons au rayon frais des promotions exceptionnelles, encore une fois, j'insiste, oui, le bloc de foie gras, à partager en amoureux pour la modique somme de 22 euros au lieu de 26 euros 50, le saumon fumé importé d'Irlande, idéal pour les dîners en tête-à-tête, les 250 grammes pour 7 euros 50, une véritable aubaine ! Pour accompagner le saumon, vous pouvez offrir à l'élu(e) de votre coeur une petite bouteille de champagne grâce aux magasins *Champion*, qui jusqu'à 18 heures vous offre une réduction de 20% sur les bouteilles de 75 cl et 25 % sur les bouteilles d'un litre. Si vous n'aimez pas les bulles . . *Champion* vous propose un petit Sauterne à 6 euros au lieu des 7 euros 50 habituels pour la bouteille d'un litre. Vous ne pouvez pas dire qu'on ne vous gâte pas ! La fête des amoureux chez *Champion*, c'est pour tout le monde ! »

THEME

Traduisez le texte suivant en français en vous servant du vocabulaire que vous avez appris dans ce dossier :

1. You learn a lot when you're on the shop floor. You see what works, what doesn't work, the brand image of the product, the interest of the public.

   _____

   _____

   _____

   _____

2. Your poster campaign that was launched a few weeks ago gave me the urge to try out your product. Normally, Scotch is my favourite drink.

   _____

   _____

   _____

   _____

3. I have friends who travel to Ireland regularly. I must get them to taste some Jameson.

   _____

   _____

   _____

   _____

4. You're a true professional. People believe everything you say to them. That's a real asset when it comes to marketing.

   _____

   _____

   _____

   _____

5. The average whisky drinker is over 40 years of age. We need to show young people that Jameson is cool and trendy. That segment of the market has to be targeted.

   _____

   _____

   _____

   _____

6. Evian has recently become the biggest selling natural water in the world with an annual turnover of over 7 billion francs.

   _____

   _____

   _____

   _____

7. The company spent over 90 million francs last year on advertising, nearly as much as Coca Cola.

   _____

   _____

   _____

   _____

8. Sales outside of France, which constitute almost a half of the total sales, have taken off. This particular success was totally unexpected.

_____

_____

_____

_____

◆ ◆ ◆ ◆

LA GRAMMAIRE

Le Futur et le Conditionnel sont des temps qui s'apprennent souvent ensemble, mais savez-vous les reconnaître ?

Mettez la forme correcte du verbe entre parenthèses dans les phrases ci-dessous :

1. Je te le promets, nous (*aller*) _____ à Paris le mois prochain.

2. Nos sponsors (*être*) _____ contents si nous gagnions le match.

3. Le groupe a annoncé que la baisse des profits (*pouvoir*) _____ éventuellement mener à des licenciements.

4. Il est certain qu'à l'avenir les patrons (*devoir*)
   _____ faire un plus grand effort s'ils
   veulent garder leurs employés plus longtemps.

5. Si vous nous accordez une remise, nous (*envoyer*)
   _____ le chèque sans délai.

6. Elles (*faire*) _____ la publicité de nos
   produits avec plus d'entrain si on leur donnaient une
   prime.

7. C'est décidé, l'année prochaine nous (*acheter*)
   _____ une nouvelle voiture.

8. Si les trains étaient à l'heure tout le monde s'en (*servir*)

   _____

9. Sinead (*vouloir*) _____ rester encore
   quelques semaines à Toulouse, malheureusement son
   emploi du temps est beaucoup trop chargé.

10. Les consommateurs (*être prêt à dépenser*)
    _____ plus d'argent si nous
    donnions une image de marque branchée à notre produit.

DISCUSSION ORALE

Jeu de rôle

Une personne entre dans un magasin où vous travaillez. Vous (A) lui présentez votre nouvelle gamme de parfums pour hommes. La personne (B) pose des questions en ce qui concerne les prix, l'emballage, etc. Vous devez essayer de lui faire acheter la bouteille de parfum la plus chère!

Débat

« Il est normal de payer le prix fort pour une
bouteille d'eau minérale »

Une équipe pour, une autre contre cette affirmation.

DOSSIER V
ÉTUDE DE MARCHE

DIALOGUE

Sinead travaille pour la compagnie Irish Distillers à Paris depuis maintenant six mois. Aujourd'hui, elle a rendez-vous avec Patrice Charon, le responsable marketing afin de mettre en place une étude de marché. En effet, la société désire lancer un nouveau produit . . .

Patrice : L'étude de marché est une des composantes indispensables du marketing: elle intervient en amont de toute politique marketing et de communication. Nous devons dès maintenant recueillir les informations nécessaires et les analyser. Ces informations forment la base qui nous permettra de définir et d'évaluer la stratégie marketing pour notre nouveau produit.

Sinead : Bien entendu, car nous devons connaître les comportements, les attitudes et les motivations de notre clientèle cible. Ce n'est qu'à ce moment-là que nous pourrons enfin décider de la démarche à suivre en matière de marketing. Quel type d'étude pensez-vous utiliser ?

Patrice : Tout dépend de l'objectif poursuivi . . . On peut se lancer dans une étude qui repose sur un large échantillon représentatif de la cible visée et recourir aux techniques d'analyse classique. On produit alors des chiffres, des pourcentages grâce au moyen d'investigation le plus courant, c'est-à-dire, le sondage. Qu'est-ce que vous en pensez?

Sinead : Oui, vous avez tout à fait raison. En définitive, ce qui compte, c'est de pouvoir analyser le marché ainsi que la structure de l'offre et de la demande. L'équipe marketing a déjà fait un excellent travail d'étude du marketing propre, nous avons mis en place l'emballage, le logo et le nom de notre nouveau produit ainsi que son positionnement et son prix. Je vous ai d'ailleurs apporté les prototypes. Voilà ; regardez les croquis de notre nouvelle bouteille et son logo. Je dois dire que je suis assez contente de notre travail !

Patrice : Excellent ! Dites-moi, pourriez-vous me préparer un questionnaire d'enquête pour jeudi ? Vous avez deux jours, c'est assez court mais je suis sûr que c'est un délai suffisant. Ensuite, vous n'avez qu'à laisser votre travail sur mon bureau et nous en reparlerons au cours de la prochaine réunion. Maintenant, excusez-moi, il faut que je vous quitte, j'ai un rendez-vous très important à l'autre bout de la ville !

Sinead, de retour à son bureau, commence à réfléchir sur le questionnaire qu'elle doit créer . . .

Lexique

en amont : avant
dès maintenant : tout de suite, rapidement
recueillir : ici, rassembler, trouver
la clientèle cible : les personnes qui sont visées par le
       fabricant
la démarche à suivre : ce qu'il faut faire

un échantillon : *sample*

recourir à : utiliser, se servir de

le sondage : *opinion poll*

en définitive : en fait, en fin de compte. S'utilise pour
  conclure

ainsi que : dans la langue soutenue, on emploie parfois
  cette expression équivalente à « et »

les croquis : dessins préliminaires

un délai : temps accordé pour faire quelque chose

Questions sur le dialogue

1. Est-il important de faire une étude de marché ?

   _____

   _____

   _____

   _____

2. Quel est le but d'une étude de marché ?

   _____

   _____

   _____

   _____

3. Existe-t-il plusieurs types d'études de marché ?

   _____

   _____

   _____

   _____

4. Quel est le moyen d'investigation le plus courant ?

_____

_____

_____

_____

5. Que doit proposer l'équipe de marketing ?

_____

_____

_____

_____

COMPREHENSION DE TEXTE

Article de journal

La révolution du marketing de rue

Les premières opérations de marketing de rue ont été lancées à New York vers la fin des années 80. Exemple type récent : les chaussures Caterpillar (au départ conçues pour les ouvriers) sont aujourd'hui portées par les jeunes du monde entier. Les inventeurs du marketing de rue sont partis d'un constat : entre 14 et 20 ans les jeunes sont de moins en moins sensibles aux campagnes de pub traditionnelles. « Saturée de spots télé, noyée sous les messages radio, cette tranche d'âge se méfie de la publicité » résume le consultant marketing chez Adidas. En revanche, ils copient les comportements de leurs idoles. En habillant les rappeurs ou les sportifs, on peut entretenir une image positive autour des produits et récupérer un public qui se croit contestataire. Avantage supplémentaire : pour les marques, cela ne coûte rien ou presque.

Il y a encore 4 ans, la marque de sport Ellesse était en difficulté face à ses concurrents Nike et Reebok. Elle était au bord de la faillite lors de son rachat par le groupe anglais Pentland. Ellesse a pourtant vu son chiffre d'affaires passer de 1 million de francs en 1993 à 135 millions en 1998 en France, et cela, sans campagne de publicité !

L'agence de marketing derrière ce miracle avait constaté en 1995 le succès des groupes de rap français auprès des jeunes de banlieue. Le chef du marketing de Ellesse a donc invité un chanteur d'un de ces groupes à venir choisir des produits gratuitement. Il a adoré ces vêtements et en a emporté un carton plein. Plus tard, lors d'un débat télévisé houleux, il a refusé d'ôter son bandeau « Ellesse » devant les caméras. « Dès le lendemain les magasins étaient dévalisés. Tous les 14-17 ans voulaient du Ellesse ! » Submergée, la marque a dû faire fabriquer en urgence 50 000 bandeaux supplémentaires !

Une deuxième composante du marketing de rue voit maintenant le jour : faire la sortie des lycées. Le consultant a discrètement sélectionné les élèves qui exercent une forte influence vestimentaire sur leurs camarades et a offert à ces « leaders d'opinion » casquettes et autres tee-shirts. En contrepartie, ces garçons et filles se sont engagés à rabattre les jeunes qui désirent s'habiller comme eux vers les boutiques partenaires. En fait, cette méthode se pratique depuis longtemps dans les clubs de sport où certains professeurs, équipés de la tête au pied par un fabricant, se chargent d'en faire la publicité auprès de leurs élèves. Les retombées, en général, sont spectaculaires.

Extrait de *Capital* paru en juillet 1998

Lexique

conçues : participe passé du verbe "concevoir", imaginer, élaborer

un constat : une observation, une remarque objective

la tranche d'âge : ici, partie de la population qui a entre 14 et 20 ans

en revanche : au contraire

contestataire : qui est contre la société

au bord de : *on the verge of*

lors de : pendant

le chiffre d'affaires : *turnover*

auprès de : ici, correspond à "avec" ou bien "chez"

gratuitement : sans payer

un carton plein : une boîte en carton (*cardboard*) remplie de vêtements

houleux : très animé, presque violent

ôter : enlever, retirer

être dévalisé : tous les articles du magasin ont été pris

voir le jour : apparaître

exercer une influence : influencer

en contrepartie : en échange

s'engager à faire quelque chose : promettre de faire quelque chose

rabattre : ramener vers un endroit précis

se charger de : s'occuper de

les retombées : les résultats (le plus souvent au pluriel)

Questions sur le texte

1. Quel type de marques ont bénéficié de ce nouveau mode
   de marketing ?

   _____

   _____

   _____

   _____

2. Quelles qualités faut-il avoir pour être un bon consultant
   en marketing de rue ?

   _____

   _____

   _____

   _____

3. Quel est le public cible des opérations de marketing de
   rue ?

   _____

   _____

   _____

   _____

4. Mis à part les vêtements, imaginez quels autres produits
   pourraient bénéficier d'un tel marketing et pourquoi ?

   _____

   _____

   _____

   _____

5. Quels pourraient être les désavantages d'un tel marketing ?

_____

_____

_____

_____

COMPREHENSION AUDITIVE

Un sondage dans la rue

Sandrine Leclerc est étudiante en commerce international, elle travaille pour une société de sondage pour arrondir ses fins de mois, écoutez-la poser quelques questions à une passante dans la rue . . .

Sandrine : Bonjour madame, vous avez quelques minutes à m'accorder ? C'est pour un sondage . . .

La passante : Euh oui, d'accord, je vous écoute . . . Mais il ne faut pas que ça soit trop long parce que j'ai rendez-vous chez mon dentiste à 14h30.

Sandrine : Bon, combien de fois par semaine allez-vous faire vos courses dans un supermarché ?

La passante : En général, j'essaie d'y aller une seule fois par semaine, j'emmène les enfants avec moi. On y part le samedi matin vers 11 heures et je les amène à la cafétéria du centre commercial. Ensuite, je les laisse dans le rayon bandes-dessinées pendant que moi, je fais les courses pour la semaine. Mais cette semaine, il faut que j'y retourne parce que j'ai des amis qui viennent manger à la maison.

Sandrine : D'accord, deuxième question, vous arrive-t-il d'acheter autre chose que de la nourriture dans les grandes surfaces ?

La passante : Malheureusement oui ! Avec les enfants, il faut toujours acheter une ou deux bricoles, des disques, des livres ou une cassette-vidéo en promotion. Il m'arrive aussi d'acheter une bouteille de bon vin pour mon mari, et parfois, je me fais un petit cadeau. La semaine dernière par exemple, je me suis acheté un maillot de bain . . .

Sandrine : En règle générale combien dépensez-vous chaque fois ? Moins de 300 francs (€45,73), entre 300 (€45,73) et 700 francs (€106,71) ou 700 francs (€106,71) et plus ?

La passante : Pour une semaine, et avec deux enfants à charge, l'addition dépasse bien souvent les 700 francs (€106,71) ! Heureusement, je paye avec la carte bleue et j'ai moins l'impression de dépenser autant d'argent, c'est un peu moins douloureux !

Sandrine : Dernière question, quels sont vos critères de sélection lorsque vous décidez d'aller dans un supermarché ?

La passante : C'est difficile, bien sûr, le prix des produits proposés est un facteur de décision. J'essaie d'aller dans les grandes surfaces qui offrent le meilleur rapport qualité/prix. Une autre raison de mon choix sera la facilité d'accès, s'il faut être dans les embouteillages pendant deux heures avant d'arriver au centre commercial, moi je dis non ! Enfin, il faut aussi qu'à l'intérieur ce soit agréable. Je n'aime pas les lumières trop agressives ou les rayons mal rangés. La gentillesse du personnel et la qualité des produits proposés sont aussi très importants.

Sandrine : Je ne vais pas vous retenir plus longtemps, merci de m'avoir accordé ces quelques minutes. Pour vous remercier et vous montrer notre gratitude, voici en cadeau un bon de 50 francs (€7,62) sur tout achat effectué avant le 15 du mois dans les magasins partenaires.

Questions sur le texte enregistré

1. Pourquoi la passante n'a-t-elle pas trop de temps ?

   _____

   _____

   _____

   _____

2. Quand va-t-elle faire ses courses ?

   _____

   _____

   _____

   _____

3. Où vont ses enfants pendant qu'elle fait ses courses ?

   _____

   _____

   _____

   _____

4. Pourquoi doit-elle y retourner cette semaine ?

_____

_____

_____

_____

5. Achète-t-elle seulement de la nourriture quand elle va dans une grande surface ?

_____

_____

_____

_____

6. Combien dépense-t-elle par semaine ?

_____

_____

_____

_____

7. Quel est son moyen de paiement ?

_____

_____

_____

_____

8. Donnez trois critères de choix d'une grande surface.

_____

_____

_____

_____

9. Que reçoit-elle en cadeau contre sa participation à ce sondage ?

_____

_____

_____

_____

10. Y a-t-il des conditions particulières pour bénéficier de cette offre ?

_____

_____

_____

_____

❖ ❖ ❖ ❖

THEME

Traduisez le texte suivant en français en vous servant du vocabulaire que vous avez appris dans ce dossier :

1. Market research is one of the essential components of marketing: it is carried out at the start of any marketing campaign. You must gather in the shortest time possible the information you need and analyse it. This information forms the basis which will enable you to define and evaluate the marketing strategy for the new product.

---

2. One has to be familiar with the behaviour, attitudes and motivations of customers. Only then will you finally be able to decide what steps to follow regarding marketing. Do you know what type of research you think you're going to use?

---

3. We can embark on a study which relies on a large representative sample of the target market and use classic techniques of analysis. We can then produce figures and percentages, thanks mainly to opinion polls.

---

4. Yes, you're absolutely right. What matters in fact is to be able to analyse the market as well as the supply and demand. The marketing team has already done an excellent job with the research with regard to the packaging and the logo.

_____

_____

_____

_____

_____

_____

_____

5. Could you prepare a research questionnaire for Thursday? You have two days: it's quite tight but I am sure it's enough time. You can leave your work on my desk and we'll talk about it during our next meeting.

_____

_____

_____

_____

_____

_____

_____

LA GRAMMAIRE

Les pronoms personnels en français sont très souvent utilisés. Ils sont un peu difficiles à apprendre mais très utiles dans la conversation. Essayez de retrouver ce que vous avez appris à propos des pronoms personnels en lisant attentivement ces quelques phrases :

Avez-vous proposé à votre groupe les phrases que vous avez préparées ?
   Oui, je **les lui** ai proposées.

Notre nouvelle voiture est arrivée.
   Vous voulez **l'**essayer?

L'entreprise a-t-elle besoin de la publicité?
   Non, elle n'**en** a pas besoin grâce au marketing de rue.

Tu es déjà allé en France?
   Non, jamais mais j'**y** vais cet été.

Maintenant, pouvez-vous vous souvenir de la règle à partir de ces exemples ?
   Pensez aux points suivants :
   • 1ère, 2ème, etc personne
   • Singulier/ Pluriel
   • Complément d'objet direct et indirect (COD/COI)
   • Types de prépositions.

Ensuite, essayez de trouver les pronoms personnels qui conviennent pour chacune de ces phrases :

1. J'ai terminé le questionnaire sur notre nouveau produit. Je _____ ai mis sur votre bureau.

2. Vous avez-vu la secrétaire ?
   Oui, je viens de _____ croiser dans le couloir.

3. Vous êtes déjà allés en France ?
   Non, mais nous _____ allons cet été.

4. Je voudrais des croissants s'il vous plaît.
   Oui, vous _____ voulez combien ?

5. Il faut que je voie mes parents ce week-end. Je dois
   _____ montrer mes photos de vacances.

6. Tu as parlé à notre fournisseur récemment ?
   Oui, je _____ ai appelé hier.

7. Dites à Monsieur Chartier de venir dans mon bureau
   Je _____ dis tout de suite.

8. Tu veux du sucre dans ton café ?
   Non merci, j'_____ ai déjà mis un.

9. Ma voiture est tombée en panne deux fois ce mois-ci et je
   _____ ai acheté – il y a seulement six mois !

10. Tu vois les Dumon quelquefois ? Non, je ne
    _____ ai pas revu . . . depuis la dernière fois.

DISCUSSION ORALE

Vous pouvez organiser un mini sondage en français dans la classe. Par équipe de 3 ou 4, préparez un questionnaire sur le sujet de votre choix. Ensuite, partez sonder les étudiants de votre classe *en français*. Un rapport des résultats peut faire l'objet d'une présentation ultérieure devant la classe.

Débat

« Une bonne campagne de publicité est suffisante pour que le lancement d'un produit soit une réussite. »

Êtes-vous pour ou contre cette affirmation ? Expliquez votre point de vue en donnant des exemples tirés du dossier ci-dessus et/ou de votre expérience personnelle.

EXPRESSION ECRITE

Imaginez le sondage que doit préparer Sinead pour le responsable marketing. Vous pouvez vous aider du sondage de la compréhension auditive mais attention, il n'est pas vraiment complet et il ne traite pas du même sujet !

APPENDICE

Quelques sites Internet utiles pour ceux qui s'intéressent au marketing :

Des sondages en ligne :
http://www.expression-publique.com/expression-publique/main.php
http://cours2.fsa.ulaval.ca/cours/mrk-14811-g1/

Un dossier complet sur les études de marché :
http://www.apce.com/A_CREER/ETUMAR.html

L'organisme officiel des sondages en France :
http://www.sofres.fr/

DOSSIER VI

LA TECHNOLOGIE

DIALOGUE

Les responsables de la société Pernod-Ricard se réunissent dans le bureau du Président Directeur-Général, M. Bedel, pour discuter des développements au sein de l'entreprise. On s'inquiète un peu de la baisse du chiffre d'affaires.

M. Bedel : Mesdames et messieurs, je vous remercie d'être venus assister à notre réunion d'aujourd'hui. Je vais essayer de vous garder le moins longtemps possible. Il s'agit d'examiner le moyen le plus efficace de porter remède à la légère baisse de nos affaires intérieures et étrangères. Que faut-il faire ? Pourquoi existe-t-il de tels problèmes actuellement ? Après tout, le marché des boissons alcoolisées ne se porte pas mal. Le whiskey irlandais se vend bien depuis la fusion de Irish Distillers avec Pernod-Ricard il y a quelques années et on vient de lancer une campagne publicitaire très réussie.

Stéphanie Laroque : Si vous permettez, monsieur Bedel, je crois qu'il faut nous servir davantage des nouvelles technologies. Par exemple, nous n'avons pas tous accès au courrier électronique, qui vous permet de communiquer très rapidement avec le bureau même si l'on se trouve à l'autre bout du monde. Nous n'anticipons pas la demande de nos produits, nous ne sommes pas assez informés de ce que font nos concurrents. Il faut acheter les logiciels les plus récents, développer nos contacts étrangers, embaucher des experts.

M. Bedel : Vous avez peut-être raison, Mademoiselle Laroque. Il est vrai que le monde des affaires se transforme énormément grâce à tous ces développements technologiques. Pour survivre, il faut être au courant de tout ce qui se passe dans le monde de la technologie. Nous avons déjà un bon nombre d'employés qui s'y connaissent un peu. On va les inviter à suivre une formation supplémentaire. Y a-t-il des personnes ici présentes qui seraient prêtes à suivre une formation d'un mois ?

M. Lemoine : Cette idée me plaît beaucoup. Cela fait longtemps que j'y pense. Une bonne connaissance de la technologie m'aiderait à mieux faire mon travail. Etant le chef des achats, il y a tant de choses que je devrais apprendre. Si, par exemple, j'ai une présentation à effectuer et que je suis loin du bureau il me serait possible de l'envoyer à ma secrétaire d'un ordinateur à un autre. Elle pourrait alors me préparer une version impeccable. Et puis il y a des logiciels pour faire la comptabilité. C'est vaste le domaine de la technologie.

Tout le monde est tombé d'accord. On a remarqué que le développement du télétravail donnait la possibilité de prendre contact immédiatement avec les personnels traditionnellement mobiles – consultants, commerciaux, vendeurs. Munis de micro-ordinateurs et de téléphones portables, ces travailleurs « nomades » sont obligés de passer de moins en moins de temps au bureau. Aucun besoin de venir chaque jour prendre son planning ou

mettre à jour ses dossiers quand il suffit de connecter son microprocesseur au réseau de l'entreprise. Consulter son courrier électronique ne prend que quelques minutes. L'entreprise, pour sa part, ferait des économies importantes. C'est une solution idéale pour concilier productivité et qualité de vie.

M. Bedel: Je suis très satisfait du progrès que nous avons effectué aujourd'hui. Cette réunion s'est révélée fort fructueuse. Je vais mettre en place ces suggestions concernant la technologie le plus vite possible. On va se réunir à nouveau la semaine prochaine afin de préciser quelle sera exactement notre approche. Merci de votre attention et bon weekend à vous tous.

Tout le monde: A vous de même, monsieur.

Lexique

se réunir : se rassembler

au sein de : au coeur de, dans

s'inquiéter de : avoir des soucis à propos de quelque chose

assister à : être présent à

porter remède à : guérir, résoudre

actuellement : à présent, en ce moment

la fusion : l'union (de deux entreprises par exemple)

les boissons (f) alcoolisées : les alcools comme le whiskey, le pernod, la vodka

réussi(e) : qui jouit d'un succès important

le courrier électronique : courrier qui est transmis grâce à l'Internet

davantage : plus

le logiciel : *software*
en pointe : moderne
s'y connaître : être expert dans un domaine quelconque
mettre à jour : consulter, classer
fructueux(se) : qui porte ses fruits

Questions sur le dialogue

1. Pourquoi M. Bedel organise-t-il une réunion de ses cadres ?

_____

_____

_____

_____

2. Qu'est-ce qui inquiète le plus le PDG ?

_____

_____

_____

_____

3. Quelle suggestion Stéphanie lui fait-elle ?

_____

_____

_____

_____

4. M. Bedel est-il d'accord ? Justifiez votre réponse.

_____

_____

_____

_____

5. Pourquoi M. Lemoine veut-il suivre une formation ?

_____

_____

_____

_____

6. En quoi la technologie pourrait-elle amortir (réduire) les coûts de la compagnie ?

_____

_____

_____

_____

7. Trouvez dans le dialogue la phrase qui résume le mieux les avantages éventuels de la technologie.

_____

_____

_____

_____

8. M. Bedel est-il content du déroulement de la réunion ? Comment le savez-vous ?

_____

_____

_____

_____

COMPREHENSION DE TEXTE

Article de journal

Faut-il raccrocher son téléphone portable?

Le rayonnement émis par les téléphones mobiles serait nocif pour la santé ? Des études récentes, et contradictoires, divisent les scientifiques. Face à la polémique, plusieurs pays lancent de vastes programmes de recherche.

Alors que les téléphones cellulaires, communément appelés portables ou mobiles, connaissent une vogue sans précédent en France (plus de 1,5 million d'abonnés), et à l'échelle de la planète (985 millions d'abonnés), certains scientifiques commencent à avoir de sérieux doutes sur leur innocuité. Des doutes justifiés car les ondes ultracourtes émises par ces téléphones se situent à de très hautes fréquences, de l'ordre de 2 Ghz (2), voisines de celles des fours à micro-ondes. La seule différence, et elle est d'importance, concerne la puissance des rayonnements: 300 à 700 watts pour les fours contre 2 watts maximum pour les portables. Cependant, les fours sont équipés d'une porte métallique blindée, spécialement conçue pour empêcher les rayons mortels de s'échapper à l'extérieur. Alors que les portables émettent à l'air libre, au contact de la boîte crânienne, où se trouvent les centres nerveux de la vie et de l'intelligence.

Quand on sait qu'il faut dix minutes pour cuire un poulet au four à micro-ondes, il était logique que les chercheurs s'inquiètent de savoir si le fait de donner ou de recevoir des coups de fil à répétition ne pouvait pas, à la longue, léser les cellules et les tissus du cerveau, même si l'effet thermique produit est très faible.

Pour le vérifier, les chercheurs ont donc testé les ondes émises par les portables sur des cellules humaines en culture et sur des animaux de laboratoire. Les premières conclusions des chercheurs sont assez contradictoires. Pour les uns, les rayonnements seraient nocifs. Ils cassseraient en morceaux l'acide désoxyribonucléique (ADN), c'est-à-dire la molécule, logée dans le noyau des cellules, qui sert de support aux caractères héréditaires. Ils seraient aussi responsables de cancers de la peau et du cerveau, de la maladie d'Alzheimer, de la cataracte, de troubles nerveux, de maux de tête et d'insomnies. Pour d'autres, en revanche, les rayons seraient inoffensifs. Deux congrès, l'un à Munich, l'autre à Londres vont faire, en novembre prochain, le point actuel sur la question.

On remarquera, au passage, que la plupart des études favorables sont menées par les fabricants de téléphones portables, qui ont tout intérêt à ce que leur matériel offre le maximum de garanties aux yeux du public. Or, les chercheurs étant appointés par les entreprises se retrouvent à la fois juge et partie, position inconfortable s'il en est. Et puis, toutes ces études n'avaient pas le même thème de recherche. Il n'est donc pas surprenant qu'elles aient pu donner des résultats opposés. Par exemple, on ne sera pas étonné qu'une étude conclut à l'innocuité des micro-ondes sur le coeur et qu'une autre prouve leur action sur les chromosomes. Les micro-ondes sont, en effet, plus nocives sur certains tissus de l'organisme que d'autres. Par exemple, la fumée du tabac a plus de risques de donner un cancer du poumon qu'un cor au pied.

Pour en avoir le coeur net, il est nécessaire de poursuivre les recherches. Bernard Veyret, directeur de recherche au CNRS et chercheur à l'Ecole nationale supérieure de chimie et de physique de Bordeaux (ENSCPB), qui est plutôt réservé sur la nocivité des portables, estime cependant que cinq ans seront nécessaires pour avoir des résultats biologiques indiscutables. Quant aux études épidémiologiques, plus longues à mettre en oeuvre, elles demanderont au moins dix ans. Autrement dit, pendant encore de nombreuses années, les utilisateurs de portables vont servir de cobayes. Avec le risque qu'un jour éclate un scandale, semblable à celui de l'amiante aujourd'hui.

Lexique

nocif(ve) : dangereux (nuire à : *to damage*)
la polémique : le scandale, le débat
alors que : tandis que
abonné(e) : quelqu'un qui a payé un abonnement
connaître une vogue sans précédent : jouir d'une
    popularité inattendue, être à la mode
innocuité : le fait d'être sans danger
léser : atteindre, blesser
en revanche : au contraire, inversement
le noyau : la partie centrale
cerveau : l'esprit/l'intelligence
avoir tout intérêt à ce que : tenir à ce que
pour en avoir le coeur net : pour s'assurer définitivement
    que
quant à : en ce qui concerne
servir de cobaye : être utilisé comme sujet d'expérience
amiante (m) : *asbestos*

Questions sur le texte

1. Quelle est la source de toute cette polémique concernant les téléphones portables ?

   _____

   _____

   _____

   _____

2. Qui a raison d'après vous ? Pourquoi ?

   _____

   _____

   _____

   _____

3. Quelles découvertes les chercheurs ont-ils faites ? Pourquoi faut-il se méfier un peu de leurs conclusions ?

   _____

   _____

   _____

   _____

4. Quelle opinion M. Bernard Veyret avance-t-il ?

   _____

   _____

   _____

   _____

5. Faites un résumé en huit lignes de ce texte.

_____

_____

_____

_____

_____

_____

_____

_____

❖❖❖❖

COMPREHENSION AUDITIVE

Paris, 2008. Jean-François Toulemonde est fatigué. Il revient d'une longue réunion de travail avec des collègues étrangers qu'il rencontrait pour la première fois. Il arrive devant la porte de son appartement, qui se dévérouille et s'ouvre à son approche. L'ordinateur qui gère l'ensemble des fonctions domestiques l'a reconnu à distance, grâce à la petite carte magnétique qu'il porte dans sa poche. Jean-François veut changer ce système un peu archaïque, pour le remplacer par une reconnaissance vidéo et vocale. Après tout, la machine peut aussi bien l'identifier par son apparence ou sa voix.

Il entre dans son appartement. Immédiatement la lumière s'allume. A cette heure de la nuit, il n'aime pas un éclairage trop puissant. L'ordinateur le sait : au fil du temps, il a appris l'ensemble de ses préférences. « Quels sont les messages ? » demande Jean-François. La machine énumère les appels de la journée : « Téléphone : Martine et Christian. E-mail : votre père. – Tiens, papa ? Que dit-il ? » Le texte devient soudain parole, grâce à la voix synthétique de l'ordinateur.

Avant de se détendre, Jean-François archive toutes les cartes de visite récupérées dans la journée. Pas ces morceaux de bristol que l'on avait encore dans son portefeuille il y a dix ans . . . Des mini-CV électroniques, échangés lors des poignées de main. Le contact de la peau provoque en effet un courant électrique naturel qui déclenche un minuscule ordinateur installé dans la semelle des chaussures. Celui-ci envoie aussitôt les coordonnées et le texte de présentation de Jean-François à l'ordinateur-chaussure de son interlocuteur. Qui suit le même processus. L'échange se fait par infrarouges, l'émetteur étant situé au bout de la semelle. Chez soi, il ne reste plus qu'à transférer ces informations dans la mémoire de l'ordinateur principal, qui met automatiquement à jour le carnet d'adresses.

Dans la cuisine, le réfrigérateur savait que Jean-François dînerait sans doute seul ce soir : aucune invitation ni voyage n'étaient prévus sur l'agenda. Et, comme il n'y avait presque plus rien à manger, le frigo avait de lui-même commandé le plat préféré de son « maître » : des lasagnes. Un camion sans chauffeur les a livrées dans l'après-midi. Comme tous les véhicules de cette époque, celui-ci est guidé par satellite. Il repère les obstacles de la circulation grâce à un système d'analyse vidéo et à des radars qui lui signalent aussi les feux.

Jean-François se fait un plateau télé. Il l'emporte dans la salle à manger et s'installe confortablement en face du superbe tableau de Van Gogh qui orne le mur. Il appuie sur un bouton et le soleil du peintre néerlandais devient un match de basket-ball. Ce n'était pas un tableau, mais un écran géant, plat, d'une incroyable qualité. Jean-François fait défiler la liste des films : il choisit *Retour vers Niagara*, un nouveau long-métrage avec Marilyn Monroe. Ou plutôt le clone électronique de Marilyn. Mais il est si bien fait qu'on ne voit presque pas la différence. La façon de jouer de l'actrice la plus glamour de l'Histoire a été analysée par de puissants ordinateurs, qui la restituent presque parfaitement. Seul regret : ce style n'évolue pas beaucoup. La machine ne sait pas créer . . . Pour payer la séance, Jean-François tape son code : 20 francs (€3,04) seront débités sur son compte. Il n'y a plus de billets depuis longtemps. L'argent électronique domine. Pour payer sa baguette ou son café, on utilise des « cartes intelligentes ». De simples cartes à puce, comme celles qui étaient utilisées autrefois pour le téléphone, que l'on peut charger de chez soi, par Internet, ou au distributeur automatique de la banque . . .

Science-fiction? Même pas. Toutes les technologies de ce petit récit existent déjà, dans les laboratoires, aux Etats-Unis comme en France. Demain elles seront chez vous. Steve Jobs, play-boy charismatique et ingénieur génial à qui nous devons l'Apple et le Machintosh, mais aussi le film 100% numérisé *Toy Story*, est l'un des auteurs de ce futur immédiat. Ne lui demandez pas pourtant d'en surestimer l'importance. Encore moins de dramatiser ces changements : « Nous naissons, nous vivons un moment, et nous mourons », constate-t-il. « C'est comme cela depuis très longtemps. La technologie n'y change pas grand-chose, voire rien. » OK, Steve, mais un très gros rien, alors.

D'après L'EXPRESS 7/11/96

Questions sur le texte enregistré

1. Pourquoi M. Toulemonde se sent-il fatigué ?

_____

_____

_____

_____

2. Entre-t-il dans son appartement d'une façon habituelle ?
   Expliquez.

_____

_____

_____

_____

3. Qu'arrive-t-il quand il arrive dans son appartement ?
   Pourquoi ?

_____

_____

_____

_____

4. Décrire les messages qu'il reçoit. Lequel est le plus
   important à son avis ?

_____

_____

_____

_____

5. Comment a-t-il accumulé tous ces détails sur les personnes qu'il a rencontrées au cours de la journée ?

_____

_____

_____

_____

6. En quoi son réfrigérateur est-il inhabituel ?

_____

_____

_____

_____

7. Nommer quelques-uns des atouts originaux de son écran géant.

_____

_____

_____

_____

8. Quelle est la monnaie utilisée dans ce monde virtuel ?

_____

_____

_____

_____

9. Cette science-fiction est-elle un rêve ridicule ?

_____

_____

_____

_____

THEME

Traduisez le texte suivant en français en vous servant du vocabulaire que vous avez appris dans ce dossier :

1. Nowadays (*de nos jours*), businesses are being completely transformed by technology.

   _____

   _____

   _____

   _____

2. "We invest quite a sizeable amount of our budget into updating (*revaloriser*) our technology", says Dominique Levet, Head of Marketing in Pernod-Ricard.

   _____

   _____

   _____

   _____

3. Quite a number of our employees would be willing to do a training course. They know that the business world is being hugely transformed by technological advances.

   _____

   _____

   _____

   _____

4. With access to the Internet, the traditionally "nomad" staff can get in contact immediately with the office.

   _____

   _____

   _____

   _____

5. The spirits market is very healthy in spite of the recent recession. Our merger with Pernod-Ricard has improved our turnover.

   _____

   _____

   _____

   _____

6. Mobile phones are causing a lot of heated discussion (*polémique*) at the moment, because of the potentially harmful radiation they emit.

   _____

   _____

   _____

   _____

7. On the other hand, the company which manufactures mobile phones for the home market has enjoyed unprecedented popularity.

   _____

   _____

   _____

   _____

8. This company has paid its subscription to the new software company, Iona.

_____

_____

_____

_____

Pour aller plus loin en traduction . . . Traduisez l'extrait suivant en Français :

Nowadays, businesses are having to rely more and more on technology. This is not all that surprising given the fact that technology can enable faster and more efficient communication, as well as speeding up production. Thus investment in computers, mobile phones, modems of all types to access the Internet and perform other tasks, is constantly increasing.

"We invest quite a sizeable amount of our budget to updating our technology", says Dominique Levet, Head of Marketing in Pernod-Ricard. "We find that we need to be up to date with what is happening in the industry, what our competitors are doing, etc. Its main asset, however, is that it allows our mobile staff to stay in contact with the office even when they are far away. This ultimately saves us a lot of money".

The experts all agree. Without technology, a modern business cannot survive and make a profit. Some companies send their employees on training courses to improve their knowledge of technology. It is money well-spent. When they come back they have learnt about the most up to date software and how technology can help them in their work.

With a mobile workforce, access to the Internet is particularly useful, as people can be in constant contact with what is going on in the company.

Lexique

> **to speed up:** *accélérer*
> **nowadays:** *de nos jours*
> **at the same time as:** *tout en + participe présent*
> **given the fact that:** *étant donné que*
> **to rely on** : *dépendre de*
> **to access:** *avoir accès à*
> **to perform tasks:** *remplir des tâches*
> **to increase:** *augmenter*
> **to invest a large amount:** *investir/consacrer une grande partie*
> **to update:** revaloriser
> **competitors:** *concurrents*
> **to agree:** *être d'accord*
> **to make a profit:** *faire des bénéfices*

LA GRAMMAIRE

Dans ce dossier, vous avez pu rencontrer quelques expressions au subjonctif. Vous trouverez ci-dessous une liste d'expressions qui sont suivies du subjonctif. Mettez les verbes entre parenthèses au subjonctif et essayez de trouver une suite logique à chacune de ces phrases :

Exemple :

Pourvu que vous (*faire*) l'effort, . . .

Pourvu que vous *fassiez* l'effort, *vous n'aurez aucun problème à terminer ce que vous avez commencé* . . .

1 La société a tout intérêt à ce que les ouvriers (*être*) _____ contents car . . .

2 Le PDG a été étonné que le chiffre d'affaires (*baisser*) _____ malgré . . .

3 Le chef des exportations veut que nous (*employer*) _____ les technologies à la pointe, . . .

4 Bien que tout le monde (*avoir*) _____ accès à l'Internet, . . .

5 Je vais attendre que Pierre me (*dire*) _____ les chiffres, ensuite . . .

6 Il faut que nous (*investir*) _____ de grosses sommes d'argent afin de . . .

7 Je ne dis pas que tu (*servir*) _____ de cobaye, mais . . .

Vous pouvez aussi revoir la leçon consacrée au Subjonctif dans le dernier chapitre d'*Introduction au Français des Affaires* par Maher et McNeely (Folens).

DISCUSSION ORALE

Débat

« La technologie est la ruine du monde moderne. »

Comme vous en avez l'habitude à présent, formez deux équipes, une équipe pour et une autre contre cette proposition et discutez vos différents points de vue.

DOSSIER VII
À LA BANQUE

DIALOGUE

Après maintenant plus d'un an à Paris, Sinead voudrait acheter un appartement dans la capitale. Elle décide d'aller se renseigner auprès de sa banque sur les possibilités d'un prêt immobilier ...

Sinead : Bonjour Madame, je viens vous voir car je désirerais m'informer sur les possibilités de prêt immobilier.

Madame Bordes : Oui, je vous en prie, asseyez-vous. Est-ce que vous avez un compte dans notre banque ?

Sinead : Oui, je vous donne le numéro de mon compte : 23874U. C'est un compte courant que j'ai ouvert il y a maintenant un peu plus d'un an.

Mme Bordes : D'accord, tout d'abord, pourriez-vous remplir ce formulaire s'il vous plaît. (Sinead remplit le formulaire) ... Avant de vous lancer dans la prospection de votre logement, avez-vous bien préparé votre budget ? Il ne faut surtout pas oublier d'ajouter au prix d'acquisition, les frais de notaire, les travaux, mais également les faux frais de type frais de déménagement, frais d'installation et de décoration, et les travaux de copropriété en cas d'acquisition d'un appartement. Excusez-moi mais vous êtes bien jeune, avez-vous pensé à tout cela ?

Sinead : Oui, j'en suis tout à fait consciente mais je gagne bien ma vie et le prix de l'immobilier me paraît vraiment intéressant ici en France. Je suis irlandaise et l'immobilier à Dublin est hors de prix ! J'espère donc faire un placement astucieux pour l'avenir . . .

Mme Bordes : Oui, en effet, si vous en avez les moyens, c'est une très bonne idée et puis, notre banque est là pour vous aider, ne l'oublions pas. Une fois votre dossier accepté, il vous faudra choisir le type de prêt le plus adapté à votre situation financière. Notre banque propose plusieurs types de contrats qui sont avantageux quelque soit votre profil. Par exemple, il vous faudra choisir entre un taux fixe ou un taux variable.

Sachez que les prêts à taux fixe sont calculés sur les taux long terme du marché. Les prêts à taux révisable sont calculés, eux, sur les taux court terme, généralement moins élevés, il est donc normalement plus judicieux de choisir un prêt à taux révisable.

Sinead : J'espère aussi être augmentée prochainement, dans ce cas, est-ce que j'ai la possibilité d'augmenter mes mensualités ?

Mme Bordes : Oui bien sûr, si vos revenus s'accroissent, vous pouvez demander à notre banque d'augmenter vos mensualités jusqu'à 30% maximum. Vous pouvez tout aussi bien les dimimuer si jamais vous rencontrez des difficultés pour régler vos mensualités, sous réserve que la durée du remboursement n'en soit pas augmentée de plus de cinq ans pour un prêt à taux fixe, ou ne dépasse pas la durée prévisionnelle de base, pour un prêt à taux révisable.

Sinead : Savez-vous quand j'aurai la réponse ? Je dois dire que j'ai commencé à étudier les petites annonces sérieusement et que j'ai déjà repéré quelques offres qui me semblent très intéressantes ! Il me tarde maintenant d'avoir un endroit à moi.

Mme Bordes : Je comprends tout à fait. Les délais sont généralement assez courts et ne dépassent jamais plus de cinq jours. Notre service clientèle se mettra en contact avec vous dès que votre dossier aura été accepté par l'ordinateur. Mais d'après les informations que vous m'avez données, il ne devrait pas y avoir de problème. Avant de partir, pourriez-vous signer ici et en bas de cette page-là . . . merci.

Lexique

un prêt : a loan (ici, *mortgage*)
un formulaire : sorte de questionnaire
la prospection : la recherche
le notaire : *solicitor*
les frais : ce qu'il faut payer
hors de prix : extrêmement cher
un placement : un investissement
révisable : *variable*
une mensualité : argent payé chaque mois
les revenus (m) : argent que l'on gagne

Questions sur le dialogue

1. Où peut-on s'informer sur les prêts immobiliers ?

   _____

   _____

   _____

   _____

2. Pourquoi Sinead a-t-elle choisi de s'adresser à cette banque en particulier ?

   _____

   _____

   _____

   _____

3. Que doit-on faire en premier pour bénéficier d'un prêt ?

   _____

   _____

   _____

   _____

4. Quels sont les deux types de frais lorsqu'on achète dans l'immobilier ?

   _____

   _____

   _____

   _____

5. Pourquoi Mme Bordes énumère-t-elle cette liste de frais ?

_____

_____

_____

_____

6. Pourquoi Sinead veut-elle acheter un appartement à Paris ?

_____

_____

_____

_____

7. Une fois le prêt accepté par la banque, que faut-il faire ?

_____

_____

_____

_____

8. Quels sont les différents types de prêts ?

_____

_____

_____

_____

9. Quels autres avantages offre la banque ?

_____

_____

_____

_____

10. Pourquoi Sinead veut-elle connaître le délai d'attente de la réponse ?

_____

_____

_____

_____

COMPREHENSION DE TEXTE

Article de journal

Quelle banque choisir ?

La meilleure banque, c'est celle qui vous offrira . . . le meilleur taux ! Mais trouver cet oiseau rare n'est pas toujours facile et demande un minimum de méthode.Voici comment procéder :

1ère étape : Rencontrez le conseiller de votre agence. Essentiel : il connaît vos revenus, vos dépenses. Il a pu apprécier votre capacité d'épargne au cours des mois qui ont suivi votre décision d'acheter un logement. Demandez-lui une offre écrite, précisant le taux, la durée, et les modalités de remboursement.

2ème étape : Entamez la tournée des banques. Muni de sa proposition, faites le tour des établissements concurrents. En commençant par les grands réseaux généralistes (Crédit Agricole, Mutuel, Lyonnais, BNP, Société Générale . . .) et les banques spécialisées comme le Crédit Foncier, la Hénin, l'UCB . . . Ne négligez pas les établissements francs-tireurs ; CaixaBank, un espagnol qui cherche à attirer de nouveaux clients, Woolwich, un britannique qui pratique des taux intéressants, Abbey National, un autre britannique amateur de taux variables. Ou encore American Express. L'américain propose un service particulièrement original. En appelant sa plate-forme téléphonique, le futur emprunteur a accès au meilleur taux offert par sept banques partenaires. A essayer absolument, sans modération et sans obligation d'achat ! Faites attention aux offres trop mirifiques. Abbey National affichait par exemple un taux de 3,65% sur ses publicités, mais il s'agit d'un taux pour les trois premiers mois de son crédit à taux révisable . . . Ne signez rien tout de suite, accumulez au contraire les propositions et étudiez-les à tête reposée, à la maison.

3ème étape : Faites monter les enchères. Vous ne le savez sans doute pas, mais les banquiers sont prêts à (presque) tout pour vous avoir comme client. Souscrire chez eux un crédit immobilier leur permet d'obtenir deux choses : la domiciliation d'un compte et une chance de conserver un nouveau client de longues années. Avec à la clé, la vente de produits plus rémunérateurs (assurance-vie, Sicav . . .). Discutez chaque point : si vous n'avez pas besoin d'un avantage qu'on vous offre, demandez-en un autre en échange. Avancez les meilleurs taux offerts par les compagnies d'assurance que vous avez consultées. Et n'hésitez pas à brandir sous le nez de votre interlocuteur les offres de ses concurrents. Cela le fera réfléchir !

4ème étape : Retournez voir votre banquier. D'un point de vue pratique, c'est toujours votre banquier habituel qui présente le plus de facilité pour vous. S'il vous accorde un crédit à bon taux, vous éviterez les transferts de comptes.

Mais n'y attachez quand même pas trop d'importance. Demandez lui de s'aligner (au moins !) sur la meilleure proposition que vous ayez eu. Ce sera le prix de votre fidélité. S'il cherche à vous conserver, il n'hésitera pas une minute. Sinon, allez voir ailleurs !

Le Nouvel Observateur en ligne, mai 2001
(http://quotidien.nouvelobs.com/**)**

Lexique

le taux : *rate (of interest)*

trouver cet oiseau rare : expression qui signifie trouver quelque chose qui n'est pas commun

les revenus : ce que vous gagnez

l'épargne (f) : quand on met de l'argent de côté

les modalités : de quelle manière le remboursement sera fait

entamer : commencer

négliger : oublier

francs-tireurs (m) : indépendant (qui ne suit pas la loi d'un groupe)

une plate-forme téléphonique : un centre d'appel

un emprunteur : personne qui emprunte (demande) de l'argent

mirifique : quelque chose de si merveilleux qu'elle ne peut pas être réelle

les enchères : auction (ici, l'expression 'faire monter les enchères' signifie 'utiliser la concurrence')

souscrire : signer

à la clé : à la fin

rémunérateur: qui rapporte de l'argent

brandir : montrer

attacher de l'importance à quelque chose : cette chose est
   importante
ailleurs : *somewhere else*

Questions sur le texte

1. Qui doit-on aller voir en premier et pourquoi ?

   _____

   _____

   _____

   _____

2. Avec quel document est-il judicieux d'aller faire le tour
   des banques concurrentes ?

   _____

   _____

   _____

   _____

3. Quels sont les différents types d'organismes bancaires ?

   _____

   _____

   _____

   _____

4. Pour quelle raison l'offre de la société American Express
   est-elle intéressante ?

   _____

   _____

   _____

   _____

5. A votre avis, pourquoi le taux offert par la banque britannique Abbey International n'est-il pas si avantageux ?

   _____

   _____

   _____

   _____

6. Pourquoi est-il important pour les banquiers de vous avoir comme client ?

   _____

   _____

   _____

   _____

7. Après avoir fait son enquête, chez qui vaut-il mieux retourner ?

   _____

   _____

   _____

   _____

COMPREHENSION AUDITIVE

Écoutez attentivement l'enregistrement puis essayez de remplir le tableau suivant :

Présentateur 1 : Le journal « Combien ça coûte » a fait une enquête auprès des principales banques de prêts. Voici quelques renseignements qui pourraient bien intéresser tous ceux qui veulent se faire un petit cadeau sans pourtant en avoir les moyens !

Envoyé spécial : Oui, Yves, vous avez raison, alors voici les chiffres, nous avons choisi les 4 banques suivantes : Paribas, BNP, Crédit Lyonnais et Crédit Agricole. Alors dans l'ordre et en ce qui concerne les taux d'emprunt, il y une grande différence entre le taux proposé par Paribas, qui est à 3,94 ! et celui proposé par la BNP qui lui se trouve à plus de 5%. Le taux proposé par le Crédit Agricole atteint aussi les 5% enfin pas tout à fait : 4,95. Et enfin le Crédit Lyonnais offre un produit intermédiaire à 4,6%.

Pour ce qui est des remboursements, Yves, là aussi nous retrouvons d'énormes disparités puisque si l'on souscrit un emprunt chez Paribas, il faut malheureusement le rembourser dès sa souscription, et oui, il n'y a pas de miracle ! Par contre, pour la BNP et le Crédit Agricole, ils sont incroyablement souples puisque on peut commencer à rembourser quand on veut, c'est au choix . . . Il n'y a pas de date limite ! Le Crédit Lyonnais, lui, nous laisse souffler trois mois, mais ensuite, il faut commencer à payer . . .

Enfin, Yves, si vous voulez avoir le choix entre un taux fixe ou un taux variable, n'allez pas voir Paribas puisqu'ils ne vous donnent le choix qu'entre un taux fixe et un taux fixe !

Pour les autres banques, c'est un peu mieux puisqu'on peut choisir. Mention spéciale enfin pour la BNP qui vous donne même la possibilité de changer en cours de contrat. On ne peut pas avoir plus de liberté ! Franck Blondin, pour Gironde-Radio, à vous les studios . . .

Présentateur 1 : Merci Franck, il faut donc vraiment bien étudier les termes des contrats quand on décide d'emprunter dans une banque !

Nom de l'établissement bancaire	Taux d'emprunt	Remboursement	Types de taux proposés

THEME

Vous travaillez pour une banque irlandaise qui compte s'importer en France. Vous devez traduire cette brochure pour le public française :

So you are a young professional who wants a place of your own to live in?

Our bank can help you make your dream come true!

Our bank will help you prepare your budget; our team of experts will advise you with regard to all the expenses, ranging from the usual ones such as stamp duty and work on your newly-acquired house, to the hidden ones such as moving in, decorating, co-ownership.

Once your application is accepted, our experts will help you choose the type of lending best suited to your financial situation. We propose several types of contracts which are worth considering, whatever your profile. For instance, you will have to choose between a fixed or a variable rate. Fixed rates are calculated according to long-term market rates. Variable rates are calculated on short-term basis and are generally more advantageous.

Of course, in the case where there is an increase in your income, you can ask us to raise your monthly repayments up to a maximum of 30%. You may also lower the repayments if you ever have difficulties paying your monthly bill, provided that the length of repayment does not exceed twenty years.

You will know in no more than five days if your dossier has been accepted or not. Our customer service will contact you by phone as soon as our team of experts accepts your application.

_____

_____

_____

_____

_____

_____

_____

_____

_____

_____

_____

❖ ❖ ❖ ❖

LA GRAMMAIRE

Comment poser des questions en français ?

Essayer de retrouver les questions posées à Christophe Bruisant lors de son entretien avec son banquier. Christophe vient de terminer ses études. Il a décidé de partir en Australie pour quelques mois. Il voudrait bénéficier d'un prêt pour financer son voyage.

1.

_____

Je voudrais partir en Australie pour quelques mois.

2. _____

_____

Oui, j'ai ouvert un compte dans cette agence il y a maintenant deux ans et demi.

3. _____

_____

13 rue Alfred Jarry 33560 Bordeaux.

4. _____

_____

Célibataire.

5. _____

_____

Je viens de terminer mes études. J'espère trouver un emploi à mon retour d'Australie.

6. _____

_____

C'est mon deuxième emprunt. J'ai terminé de payer celui auquel j'avais souscrit il y a deux ans pour financer mes études.

7. _____

_____

Je pense qu'un taux fixe est plus avantageux dans ma situation.

8. _____

_____

Oui, Je vais faire un peu de tourisme et essayer de trouver un petit boulot. J'ai de la famille à Melbourne, le logement ne sera donc pas un problème.

9. _____

_____

Je pense pouvoir rembourser cet emprunt dès la rentrée prochaine. Trouver un travail à mon retour devrait être assez facile.

10. _____

_____

30 euros par semaine pendant un an.

DISCUSSION ORALE

Débat

« Il est dangereux de vivre à crédit. Êtes-vous pour ou contre la carte de crédit ?»

Expliquez votre point de vue en donnant des exemples tirés de votre expérience personnelle.

Jeu de rôle

Imaginez une banque. Ce jeu de rôle se joue à deux ou trois. Une personne prend le rôle du banquier, une (ou deux) personne(s) joue le rôle de l'emprunteur. L'emprunteur assez nerveux veut acheter quelque chose ou bien simplement partir en vacances. Le banquier (ou la banquière) est, comme Mme Bordes, un peu distant(e) au début.

EXPRESSION ECRITE

Pouvez-vous écrire une lettre à votre banque ?

Demandez au responsable de vous envoyer une brochure sur les prêts immobiliers. Commencez la lettre en lui expliquant votre cas et la raison pour laquelle vous avez choisi cette banque en particulier. N'oubliez pas les formules de politesse.

APPENDICE

Quelques sites Internet utiles pour ceux qui veulent en savoir plus sur les banques françaises :

http://www.afb.fr/rubbfre.htm (site informatif et général)

http://www.sudouest.banquepopulaire.fr/Sommaire.htm (site très agréable avec une mine de textes et simulations authentiques)

Ou bien l'immobilier :

http://www.immobs.com

http://www.immobs.com/conseils/immo/banque.html

DOSSIER VIII

PREMIERS ACHATS

DIALOGUE

Sinead vient de recevoir le feu vert de sa banque qui accepte de financer ses projets immobiliers. Après avoir étudié les petites annonces dans la presse, elle a pris rendez-vous avec la propriétaire d'un appartement. Sa copine Laure l'accompagne pour lui donner son avis.

La propriétaire (Mme Morellini) : Bonjour mesdemoiselles, entrez donc. Par ici, attention à la marche. Je me présente : Madame Morellini, c'est vous qui m'avez contactée ce matin à propos de l'annonce passée dans le nouvel obs ? Et vous êtes irlandaise ! J'adore l'Irlande ! J'y suis allée en vacances il y a trois ans avec mon mari et nous avons passé un séjour inoubliable !

Sinead : Mais je suis presque parisienne maintenant ! Et je le serai encore plus quand j'aurai acheté mon propre appartement dans la capitale !

Mme Morellini : Bon, alors cet appartement va vous convenir parfaitement. Je l'avais acheté pour mon fils en 1975 pendant qu'il était étudiant à la Sorbonne. Maintenant, il est marié et vit avec sa femme en Bourgogne, alors cet appartement ne sert plus à rien et j'en ai assez de le louer ! Alors, vous voyez, là, c'est la cuisine, elle est tout équipée, vous avez même la machine à laver, le linge que je vous laisse si vous êtes intéressée. Le parquet date un peu mais vous pourrez sans doute l'arranger.

Sinead : Oui, ça serait dommage de ne pas garder le parquet original et j'ai quelques amis assez bricoleurs qui pourront me donner un coup de main. On pourra réaménager l'appartement à moindre frais !

Mme Morellini : Très bien ! Suivez-moi maintenant dans la salle de séjour. Vous voyez c'est très clair avec cette grande fenêtre qui donne sur la face sud ; cet appartement est très bien exposé. Là aussi, vous voudrez certainement changer la tapisserie qui n'est plus très à la mode !

Laure : J'adore cette pièce, elle est assez petite mais reste très acceuillante, grâce notamment à la vue sur la rue et les arbres. Regarde Sinead, il y a même un petit balcon où tu pourras mettre tes plantes . . .

Sinead : Oui et je vois que tout un pan de mur est en fait constitué de placards, ça c'est vraiment pratique quand on a un petit appartement et beaucoup d'affaires ! Et par là c'est la chambre ?

Mme Morellini : Non, là ce sont les cabinets de toilettes avec douche. Il n'y a pas de fenêtre mais l'appartement n'est pas du tout humide et nous n'avons eu aucun problème en plus de trente ans ! Jetez-y un coup d'oeil.

Sinead (déçue) : Mais je croyais qu'il y aurait une chambre séparée. L'annonce précisait bien qu'il y avait deux pièces. Cet appartement me plaît bien mais je ne sais pas si je suis prête à dormir dans le salon !

Mme Morellini : Je veux bien vous donner quelques jours pour réfléchir mais cette offre est exceptionnelle, à ce prix-là vous ne trouverez rien de mieux. Surtout qu'il est très bien placé, à deux minutes de la station de métro. Franchement, je crois que c'est une très bonne affaire, et si j'étais vous, je n'hésiterais pas !

Lexique

> **convenir** : *to suit*
> **Bourgogne** : région de France dans le Nord-Est
> **une cuisine équipée** : c'est-à-dire avec tout ce dont on a besoin (plaques chauffantes, four, réfrigérateur, évier)
> **le parquet** : sol fait de lames de bois
> **bricoleur** : qui aime bricoler, c'est à dire qui aime fabriquer ou réparer les choses dans la maison

Questions sur le dialogue

1. Où Sinead a-t-elle trouvé l'adresse de la propriétaire ?

_____

_____

_____

_____

2. D'après sa réaction, à votre avis, que pense Mme Morellini de la nationalité de Sinead ?

_____

_____

_____

_____

3. Pourquoi Mme Morellini avait-elle acheté cet appartement ?

_____

_____

_____

_____

4. Pourquoi veut-elle le vendre ?

_____

_____

_____

_____

5. Pourquoi Sinead est-elle déçue ?

_____

_____

_____

_____

6. Quels sont les avantages et les inconvénients de cet appartement. A votre avis, Sinead devrait-elle l'acheter ?

_____

_____

_____

_____

COMPREHENSION DE TEXTE

Article de journal

Rançon de la croissance et d'une certaine douceur de vie, la capitale de la Bretagne fait face à une forte pression démographique. Comment accueillir les nouveaux venus tout en restant une ville à la campagne ?

RENNES *de notre correspondante régionale*
Contrairement à ce que pourraient laisser penser le bouillant festival des Transmusicales et la jeunesse de ses habitants, l'endroit cultive avant tout un rythme tranquille, qui fait son charme provincial. La ville s'est développée pratiquement sans banlieue et ne constituait pas, jusqu'à présent, une agglomération importante. Cela lui a valu d'être qualifiée de « ville la plus petite du monde à s'être dotée d'un métro » qui devrait rouler en 2002 et alléger un peu les embouteillages, sans doute l'un des rares inconvénients que Rennes partage bel et bien avec la plupart des métropoles. Car, pour le reste, la vie y est calme. Le dimanche à Rennes, tout est fermé. A part les près de 60 000 étudiants qui, dès la nuit tombée, se donnent rendez-vous dans un nombre incroyable de bistrots, on pourrait même craindre un soupçon de ronronnement.

Il y a, pour Rennes, un autre modèle à inventer que le classique développement centralisé. Début 2000, les trente-six communes de l'agglomération, situées pour la plupart dans des zones agricoles, se sont baptisées Rennes-métropole. Le titre peut apparaître un peu pompeux : ensemble, elles comptent 376 500 habitants. Seulement on se bouscule aux portes : le taux de chômage est faible, le secteur des télécommunications, en particulier, est en plein boom. La population a grimpé de 12,2 % entre 1990 et 1999 (+ 4,4 % à Rennes même). Pour l'administration municipale de Rennes, il est clair que l'aire urbaine est celle qui a connu le plus fort essor démographique, après celles de Montpellier et Toulouse. Il est temps de se demander où installer tous ces nouveaux venus. Et, en guise de question subsidiaire, comment servir chacun en eau potable de qualité. Il y a quelques mois, le journal municipal titrait sur la « chronique d'une pénurie annoncée », puisqu'il faut aller chercher de plus en plus loin des sources non polluées. Ce dossier crucial pourrait, à long terme, freiner le développement urbain. D'ici là, faudra-t-il encore se serrer alors que l'offre immobilière insuffisante fait déjà de la cité bretonne une des capitales de région les plus chères de France ? Ou bien convaincre les maires de bien vouloir faire pousser des logements sociaux à l'ombre de leurs clochers? « Certains sont effectivement difficiles à décider . . . jusqu'à ce que leurs propres enfants aient un mal fou à se loger », témoigne Daniel Delaveau (PS), vice-président de Rennes-Métropole chargé des transports. « Il ne suffit pas d'inaugurer de nouvelles entreprises et de s'en féliciter, notre devoir d'élu est aussi de bien accueillir les gens », ajoute-t-il. Reste à savoir comment préserver les pans entiers de campagne, qui font la spécificité de l'agglomération. A Saint-Jacques-de-la-Lande, le maire, Daniel Delaveau a l'occasion de passer aux travaux pratiques. Depuis son arrivée, des immeubles poussent en plein champ, autour de commerces neufs, d'une école, et bientôt d'un collège et d'une médiathèque. Mais l'agglomération est en train de faire craquer les coutures de ce sage dispositif. Déjà, comme partout, en France, les zones commerciales ont proliféré et des projets de cinémas multiplexes, par exemple, s'insinuent comme des caries dans la ceinture verte. Mais la principale menace réside précisément dans ces vastes terrains cultivés . . . qu'il serait si aisé de transformer en lotissements. Il y là de quoi imaginer des hectares et des hectares de maisons individuelles avec jardinets, le long de kilomètres et de kilomètres de routes : un véritable cauchemar pour un adepte de l'aménagement du territoire.

Martine Valo, extrait du Monde *en février 2001*

Lexique

la rançon de la croissance : (ou de la gloire), ce qui suit, résultat

faire face à : connaître (difficultés)

bouillant : plein d'énergie

le festival des Transmusicales de Rennes : festival de musique rock et pop

pratiquement : presque, quasiment

une agglomération : groupe d'habitation

se doter de quelque chose : se donner quelque chose

bel et bien : expression signifiant "vraiment" ou "réellement"

la plupart de : le plus grand nombre de

un soupçon : ici équivaut à "un petit peu"

seulement : ici, mais

grimper de : ici, augmenter

un essor : une augmentation

en guise de : *as*

une pénurie : un manque

freiner : ralentir

d'ici là : *until then / between this and then*

logements sociaux (m) : logements construits et gérés par le gouvernement pour les personnes qui n'ont pas les moyens financiers d'acheter ou de louer dans les conditions normales

le clocher : l'église (tour contenant la cloche)

avoir un mal fou à faire quelque chose : avoir beaucoup de difficultés

témoigner : dire ce qu'on sait

se féliciter d'avoir fait quelque chose : se dire "bravo" (*well done!)*

un/une élu(e) : quelqu'un qui a été élu au gouvernement (*elected*)

un pan : un côté

faire craquer les coutures : *to burst at the seams*

sage : *wise*

une carie : *tooth decay*

un lotissement : *housing estate*

un adepte de : quelqu'un qui aime quelque chose

l'aménagement du territoire (m) : répartition des constructions par rapport aux possibilités d'un endroit

Questions sur la texte

1. Quels sont les problèmes posés pour Rennes dans cet article ?

   _____

   _____

   _____

   _____

2. Grâce à quelle partie de la population Rennes est-elle une
   ville dynamique ?

   _____

   _____

   _____

   _____

3. Qu'est-ce que « Rennes-métropole » ?

   _____

   _____

   _____

   _____

4. Que se passe-t-il à Saint-Jacques-de-la-Lande ?

   _____

   _____

   _____

   _____

5. Quel est, d'après vous, le point de vue de la journaliste ?

   _____

   _____

   _____

   _____

COMPREHENSION AUDITIVE

Écoutez bien !

PARIS 19ème (75019) - 1 pièce - 330 000 Frs (€50 308)
Jaurès, studio de 28m2, très calme avec petits travaux à
prévoir, au 3ème étg d'un imm bien entretenu, proche
commerces et toutes commodités. Urgent. Réf: M7685

PARIS 18ème (75018) - 1 pièce - 180 000 Frs (€27 440)
M° Simplon. Rue Championnet. Bel imm en PdT et brique.
Ravalement récent, 6ème et dernier étg. Agréable studio avec
séjour, entrée, cuisine, douche, wc à créer. Clair, 18m2, idéal
investisseur. Réf: D9834

PARIS 18ème (75018) - 1 pièce - 215 000 Frs (€32 776)
Rue de la Chapelle, Marx Dormoy. Ds imm avec cour intér
arborée type patio, bcp de charme, calme. Studios 17,50m2.
Poss pkg s/sol. Fenêtres dble vitrage, cuis équip, réfrig, plaqu,
hotte, SdB carrelée av douche ou gde baignoire, wc. Chauff
indiv. Digic. Réf: K2932

PARIS 10ème (75010) - 1 pièce - 350 000 Frs (€53 357)
A saisir. Au centre de Paris Pte St Denis. Beau studio de 20m2
au sol, au 4ème étg, sur belle cour pavée, plein Est. Ensoleillé,
calme. A rafraîchir. Proximité M° et commerce. A voir
absolument! Réf: V7695

Renseigne-ments	Appt 1	Appt 2	Appt 3	Appt 4
Adresse				
Prix				
Informations				
Références				

THEME

Traduisez le texte suivant en français en vous servant du vocabulaire que vous avez appris dans ce dossier :

1. She just received the go ahead from her bank: they finally agreed to finance her project.

   _____

   _____

   _____

   _____

2. I bought this flat in 1975 for my son while he was a student. Now he is married and lives with his wife in the country. Therefore we don't need the flat and we're tired of renting it out year after year.

   _____

   _____

   _____

   _____

3. This is the kitchen. As you can see, it has all the mod cons. I can leave the washing machine if you're interested. Your friends can help you to refurbish the flat at a low cost.

   _____

   _____

   _____

   _____

4. The living-room is small but very welcoming, thanks to the lovely view of the street and the trees. There is even a small balcony where you can plut some plants.

_____

_____

_____

_____

5. I will give you a few days to make up your mind but this is an incredible offer at this price. You won't get anything better. It is very well situated, two minutes away from the underground station. Frankly, I think it's a very good deal!

_____

_____

_____

_____

❖ ❖ ❖ ❖

LA GRAMMAIRE

L'Imparfait et le Conditionnel : Ah ! Si j'avais de l'argent !

Essayez d'écrire un petit paragraphe pour finir les débuts de phrases suivantes :

1. Ah ! Si je gagnais 1 million au loto . . .

_____

2. Si je découvrais que je n'avais qu'une semaine à vivre . . .

   _____

3. Si je rencontrais une fée qui pouvait exaucer trois de mes
   voeux . . .

   _____

4. Si j'étais Premier ministre de l'Irlande, je . . .

   _____

5. Si j'étais un savant génial et un peu fou, je . . .

   _____

DISCUSSION ORALE

Jeu de rôle

Dans une agence immobilière, une personne tient le rôle de
l'agent, une (ou deux autres) personne est un acheteur
potentiel. Posez des questions pour voir quel type de produit
l'acheteur recherche et proposez ensuite un ou deux
appartements. Expliquez vos choix.

   Ce jeu de rôle sera plus facile si vous avez de vraies
annonces à utiliser, vous pouvez trouver ces annonces dans
la presse française, certains journaux ont même des photos.
Ou bien essayez sur Internet (voir appendice pour les
adresses).

Débat

**« Il ne suffit pas d'inaugurer de nouvelles
entreprises et de s'en féliciter, notre devoir d'élu
est aussi de bien accueillir les gens. »**

Êtes-vous pour ou contre cette affirmation ? Expliquez votre
point de vue en donnant des exemples tirés de l'article sur
Rennes ci-dessus et/ou de votre expérience personnelle.

EXPRESSION ECRITE

Vous recherchez ou vous désirez vendre un appartement en
France. Essayez d'écrire une petite annonce en utilisant le
style et les abréviations généralement utilisées.

APPENDICE

Deux sites Internet utiles pour ceux qui s'intéressent au
logement :
   www.orpi.com
   www.immobs.com

REPONSES

Les réponses données dans cette appendice ne le sont qu'à titre d'exemple, vous pouvez tout à fait avoir des réponses différentes tout aussi acceptables.

DOSSIER I : CHERCHER UN EMPLOI

Questions sur le dialogue

1. a. ouvrir la fenêtre
    b. taper l'adresse électronique
    c. sélectionner la rubrique emploi
    d. choisir les différents paramètres pour commencer sa recherche
2. Sinead a dû chercher un appartement, remplir les papiers administratifs et trouver ses repères.
3. Elle est optimiste car son amie Sinead a de bonnes qualifications et de l'expérience.
4. Sinead voudrait trouver un emploi dans la promotion et la vente. Elle rêve de travailler à Paris mais pour une entreprise irlandaise. En effet, elle désire utiliser ses deux langues, le français et l'anglais. Elle aimerait aussi garder contact avec l'Irlande à travers son travail.

Compréhension de texte

1. De nos jours, le meilleur instrument pour écrire un CV est sans aucun doute l'ordinateur. S'il est muni d'une imprimante laser, c'est encore mieux.

2. Dans son C.V., il est primordial de faire apparaître les informations suivantes:

   L'état-civil

   La formation

   L'expérience

   Les centres d'intérêt

3. Il n'est pas recommandé de mentir dans un CV car on peut commettre des erreurs lors de l'entretien !

4. Si vous avez un parcours original, il est parfois opportun de le mettre en valeur en faisant preuve d'une certaine originalité.

5. Plusieurs points sont importants lorsqu'on écrit un CV. Le premier point à souligner est l'importance d'une présentation impeccable, c'est-à-dire un document créé sur ordinateur et imprimé avec soin. Il faut faire particulièrement attention à ne pas faire de fautes. Il faut ensuite respecter le plan classique en incorporant tous les renseignements utiles, néanmoins, n'hésitez pas à faire preuve d'originalité. Le troisième conseil porte sur la nécessité d'être bref tout en étant clair et précis. N'oubliez pas d'être cohérent et mettez en valeur vos réussites. Un autre élément important dans l'écriture d'un CV est certainement la transparence. Ne cherchez pas à mentir sur vos capacités ou votre expérience. Enfin, créer votre CV avec l'entreprise que vous avez sélectionnée en tête et n'hésitez pas à personnaliser votre CV.

Compréhension auditive

1. Carole a demandé 10 000 francs (€1 524) par mois lors de l'entretien.

2. Elle a été convoquée pour un entretien quatre jours après avoir postulé.

3. D'après Carole, elle a été choisie pour plusieurs raisons. Elle a été claire et directe à propos de sa carrière et de ses prétentions. Elle avait aussi pris le temps de visiter un des magasins et connaissait les produits proposés.

4. Devant la croissance de la marque, il leur était devenu difficile de gérer les affaires.

5. D'après Christian Dubroc, Carole avait la chance d'être recommandée par quelqu'un qui travaillait avec eux. Cependant, c'est surtout son CV,

sa personnalité et ses compétences en langues qui ont été des facteurs déterminants.

6. Ici, plusieurs réponses sont possibles mais on peut souligner que le fait d'être jeune, dynamique et organisée font partie des qualités requises pour ce poste-ci.

7. Le facteur déterminant lors de l'entretien a été son niveau de français.

8. Il a beaucoup été apprécié le fait que Carole ait eu la curiosité d'aller visiter les produits en ligne.

9. Ici aussi plusieurs réponses sont possibles mais le mot clé qui apparaît clairement est : *confiance*.

10. Elles s'occupe désormais de l'organisation des livraisons de tous les produits de l'entreprise.

Thème

1. Prends un ordinateur libre, ensuite, c'est facile : tu ouvres la fenêtre de recherche, et tu tapes l'adresse électronique du journal, tu sélectionnes la rubrique emploi en haut à gauche de l'écran.

2. Voilà : tu n'as plus qu'à choisir les différents paramètres pour commencer ta recherche.

3. Quand on cherche un emploi, il faut vraiment faire preuve de patience mais avec tes qualifications et ton expérience, tu ne devrais pas avoir de problème.

4. Maintenant, il faut que tu décides ce que tu veux vraiment faire. Il faut déjà que tes critères de sélection correspondent à ta formation.

5. Avec une licence en Marketing, l'idéal serait de travailler dans la promotion et la vente.

6. Mon rêve serait de travailler ici à Paris mais pour une entreprise irlandaise pour laquelle je pourrais utiliser mes deux langues ; le français et l'anglais. J'aimerais vraiment garder contact avec l'Irlande à travers mon travail.

7. Tout d'abord l'état civil, ensuite la formation, puis l'expérience, et enfin une rubrique plus ouverte : « autres activités » ou « centres d'intérêt ».

8. Développez vos passions, vos activités de loisirs. Le recruteur peut pencher en votre faveur sur un détail original : un passe-temps, une occupation qui sort de l'ordinaire, un don particulier (théâtre, musique . . .).

9. Montrez au contraire que vous avez choisi votre voie. Pour cela, contournez vos handicaps : sélectionnez les informations et n'insistez pas sur vos échecs.

10. Il n'y a pas de CV standard. Adaptez votre CV en fonction de l'entreprise à laquelle vous vous adressez : mettez en avant vos compétences directement liées au poste à pourvoir.

Grammaire

Impératif (Indicatif)	Présent (Indicatif)	Passé composé	Futur
Tâchez	Il doit	Vous avez étudié	Vous augmenterez
Oubliez	Il est	Vous avez travaillé	Elles donneront
Méfiez-vous	Il sert	Vous avez pratiqué	Elles nécessiteront
Adoptez	Il peut	Vous avez choisi	
Éloignez	Il sort	Vous avez vécu	
Négligez	Vous possédez	Elles sont allées	
Développez	Il est		
Soyez	Vous devez		
rédigez	On interroge		
Restez	Il a		
Détaillez	Vous adressez		
abusez	Vous connaissez		
Montrez-vous	Il existe		
Valorisez	Il est		
Privilégiez			
Sélectionnez			

Impératif (Indicatif)	Présent (Indicatif)	Passé composé	Futur
Spécifiez			
Précisez			
Faites			
Montrez			
Contournez			
Sélectionnez			
Eliminez			
Laissez			
Evaluez			
Cherchez			
Adaptez			
Mettez			

On peut remarquer plusieurs choses mais dans ce texte, ce qui est primordial c'est l'emploi de l'impératif. **L'impératif** s'utilise le plus souvent pour donner des conseils ou des ordres. Il se conjugue presque comme le présent de l'indicatif mais n'a que trois personnes:

(Tu)	parle (attention pas de s !)	fais	viens
(Nous)	parlons	faisons	venons
(Vous)	**parlez**	**faites**	**venez**

Quand on utilise l'impératif, on n'a pas besoin de les préciser, c'est pourquoi dans le texte on a des phrases comme « Soyez concis ». En fait, c'est facile, c'est exactement comme en anglais !

Quelques conseils que vous pouvez donner à un ami:

Essaie de dactylographier ton CV. **Méfie-toi** des fautes d'orthographe.
N'**oublie** pas de présenter un plan classique en quatre parties, avec tout d'abord l'état civil, ensuite la formation, puis l'expérience, et enfin une rubrique plus ouverte : « autres activités » ou « centres d'intérêt ».
Sois clair et précis.

Précise où tu as étudié (la ville et le nom de tes écoles), le domaine d'activité des sociétés pour lesquelles tu as travaillé et ton niveau en langue et en informatique, enfin **précise** si tu possèdes ton permis, une voiture, et un brevet de secourisme.

Montre-toi sous ton meilleur jour. **Valorise** tes compétences. **Privilégie** les verbes d'action. **Sélectionne** les mots qui donneront de toi l'image du candidat idéal, positif, dynamique, entreprenant, sûr, travailleur . . . **Sois** lucide et honnête.

Enfin, **essaie** d'adapter ton CV en fonction de l'entreprise à laquelle tu t'adresses : **mets** en avant tes compétences directement liées au poste à pourvoir.

DOSSIER II : ENTRETIEN D'EMBAUCHE

Questions sur le dialogue :

1. Sinead a rendez-vous avec le chef du personnel de la compagnie Irish Distillers dans les locaux de leur filiale parisienne.

2. Elle a suivi les cours de marketing d'un IUT irlandais.

3. Pas vraiment puisqu'elle a décroché son premier emploi après seulement quelques semaines de recherche.

4. Le CDD lui convenait parfaitement car elle avait besoin de repartir en Irlande pour terminer ses études.

5. Elle en donne l'impression, oui, puisqu'elle a voulu y repartir.

6. Son objectif principal est maintenant de trouver un emploi stable à l'intérieur duquel il y aurait des possibilités de promotion.

7. Elle a l'habitude de voyager et a visité plusieurs fois la France avec ses parents. Elle est curieuse et désire découvrir d'autres régions de France et pourquoi pas d'Europe.

8. Sinead a étudié l'espagnol à l'IUT ce qui lui a permis d'acquérir de solides bases. Elle a aussi effectué un stage d'été en Espagne. On peut donc s'attendre à ce qu'elle parle cette langue couramment.

9. Oui, Sinead répond sans hésiter à la question de Monsieur Dufour. Elle a eu l'intelligence de s'informer à propos de l'entreprise avant l'entretien. C'est bien, Sinead !

10. Il y a plusieurs raisons pour expliquer son choix. On peut souligner le fait que dans le premier dialogue Sinead avait exprimé son souhait de travailler en France pour une compagnie irlandaise. Ainsi, elle peut mettre à profit ses compétences en langues et ses connaissances dans le domaine de la vente et du marketing. Elle a aussi beaucoup d'ambition et désire appartenir à une multinationale dans laquelle elle occuperait un poste stable avec possibilité de promotion.

Questions de compréhension

L'Irlande au coeur de la stratégie de Pernod Ricard

1. Le texte fait référence à plusieurs résultats positifs pour la compagnie. On apprend en effet que le groupe représente la plus forte progression mondiale des spiritueux et détient près de 80% du marché du whiskey irlandais, lequel connaît l'une des plus fortes expansions mondiales. De plus, depuis l'entrée d'Irish Distillers dans le groupe Pernod-Ricard, en 1988, les volumes de Jameson ont été multipliés par 3.

2. Une des dates clé de l'histoire du groupe est certainement l'année 1988 qui a vu la fusion du groupe Irish Distillers avec la multinationale française Pernod-Ricard.

   On apprend aussi que la marque Jameson a été créée en 1780 par John Jameson, et qu'elle est entrée, en 1996, dans le cercle très fermé des 100 marques mondiales « millionnaires en caisses ».

   En 1999, Jameson a progressé de +10% aux Etats-Unis, et de +7% dans le reste du monde.

3. Jameson a été très affectée par l'abolition du secteur 'duty free' à l'intérieur de l'Union Européenne (avec la perte de 10% de ses volumes).

4. En ce qui concerne cette marque, ses segments de marché visés sont, d'après l'article, les whiskies « premium », c'est-à-dire le haut de gamme.

5. La société BWG s'occupe de la logistique, de l'innovation et du marketing des enseignes mais aussi et surtout du conseil aux points de vente. La société est experte dans le domaine de l'approvisionnement

du commerce de détail, principalement au niveau des superettes de proximité, un secteur en expansion en Grande-Bretagne et en Irlande.

Compréhension auditive

1. La journée de Sandrine commence à neuf heures du matin dans son bureau.
2. Sandrine reçoit tous les matins sur son bureau de la presse professionnelle, du courrier d'agences de pub cherchant à décrocher des contrats, des fax arrivés depuis hier soir, ou encore des devis de création pour la prochaine campagne de promotion.
3. La réunion opérationnelle commence à dix heures et se termine à midi. Elle a lieu tous les mois.
4. Il est possible de relancer l'intérêt du client pour un produit en organisant un jeu-concours. On peut modifier les étiquettes du produit, les rendre plus attrayantes.
5. Elle rédige le compte rendu de la réunion.
6. Sandrine n'a pas le temps de déjeuner ce midi, il faut qu'elle passe au service informatique ! Elle prend juste un petit café !
7. Elle veut se rendre compte des besoins et des attentes des commerciaux.
8. Ce qui empêche Sandrine de se concentrer ? C'est le téléphone qui n'arrête pas de sonner !
9. Elle termine sa journée à vingt heures.

La grammaire

1. Avant de suivre les cours de marketing à l'IUT, le commerce me **semblait** être une matière difficile.
2. A mon arrivée en première année, j'**étais** très timide.
3. J'**ai effectué** un stage de 3 semaines dans une entreprise d'import-export à Cork.
4. Les étudiants **sont allés** plusieurs fois en vacances ensemble durant leurs années d'études.
5. Quand nous **sommes entrés** dans le laboratoire de langue, les techniciens **travaillaient** encore sur l'installation des écouteurs.

6. Quand j'**ai obtenu** mon diplôme, je **suis parti(e)** directement en France pour trouver du travail.

7. La deuxième année **a demandé** beaucoup plus de travail que la première. C'**était** difficile de trouver le temps nécessaire à tous ces projets! (variante : passé composé acceptable ici).

8. En 2001, il y **a eu** une augmentation importante de la demande. Les années suivantes **ont confirmé** cette tendance.

9. Les étudiants qui **sont partis/partaient** étudier en France pour un an **sont revenus/revenaient** avec un avantage incontestable sur le reste du groupe.

10. L'année dernière, l'assistante de français **représentait** la vraie Parisienne : elle **portait** des tailleurs très chics et **fumait** toujours des cigarettes pendant la pause !

DOSSIER III : PREMIERS CONTACTS

Questions sur le dialogue:

1. Elle a eu l'avantage du charme irlandais, elle a passé un très bon entretien et elle semblait bien connaître la société.

2. Oui, il est très bien équipé : il y a un téléphone, une imprimante, tout ce dont Sinead aura besoin.

3. Il semblerait que oui : il se sert régulièrement de l'ordinateur et connaît les fonctions de l'Internet.

4. D'abord la campagne publicitaire a porté ses fruits, surtout le slogan « *Pourquoi se presser?* » qui a capté un aspect attirant du caractère irlandais.

5. On donne l'impression que les Irlandais sont peu pressés, qu'ils ont l'habitude de se détendre et de s'amuser. Puis, on met en évidence notre amour de la conversation au pub.

6. Du tout. Elle maîtrise parfaitement bien la langue française d'après M. Dufour.

Compréhension auditive

1. L'arrivée de cette bouteille annonce que l'avenir des eaux minérales passe par la conquête du « *troisième marché* », c'est-à-dire dans les fast-foods, les transports, les parcs de loisirs ou via les distributeurs automatiques.
2. C'est tout ce qui est consommé hors domicile, exception faite des bars et des restaurants.
3. Le nouveau packaging vise surtout les « nomades », ceux qui ont entre 20 et 35 ans. Les amateurs de jogging, de roller et de VTT sont particulièrement visés.
4. Absolument vital d'après les experts, qui disent que le contenant est nettement plus important que le contenu.
5. Virgin Cola maintient que leur bouteille « conserve le liquide plus frais plus longtemps qu'une bouteille classique ». Cela est un atout auquel le public serait sensible.

Grammaire

1. Quand les produits **étaient achetés** sur place, on savait que la marchandise était de bonne qualité.
2. Les enfants étaient contents parce qu'on leur **avait permis** de rester quelques minutes de plus.
3. Lorsqu'il **avait ouvert** son compte-épargne dans cette banque, il ne savait pas qu'il faisait une si bonne affaire.
4. Il serait rentré chez lui plus tôt s'il n'**avait** pas **bu** tant de whiskey.
5. Elles **avaient** toujours **su** que les résultats de ses examens détermineraient son avenir.
6. Elle **s'était assise** et puis soudain il y **avait eu** un bruit épouvantable.
7. La jeune étudiante **avait annoncé** la bonne nouvelle à ses parents avant la rentrée.
8. Cette année-là, nous **avions dû** terminer la campagne publicitaire au plus vite car les coûts dépassaient nos prévisions.

DOSSIER IV : SUR LE TERRAIN

Questions sur le dialogue

1. Elle le trouve utile car on a le contact personnel avec les gens et on découvre l'opinion des consommateurs quant à son produit.
2. Non, il avait remarqué la campagne d'affichage, ce qui lui a donné envie d'essayer le whiskey irlandais.
3. Il va faire goûter le whiskey irlandais à quelques-uns de ses amis, des « rugbymen » qui visitent assez souvent l'Irlande.
4. Elle trouve que Sinead est une vraie professionnelle et que les gens lui font confiance.
5. Il faut maintenant attirer l'intérêt des jeunes de moins de quarante ans et leur faire comprendre que le whiskey est dans le vent. Le buveur moyen du whiskey a plus de quarante ans.

Compréhension auditive

Produits	Informations supplémentaires	Prix initial en euro	Prix promotionnel en euro
Eau jeune	Rayon parfumerie Parfum Jusqu'à 18 heures	11	9,80
Mystère	Parfum 150 ml	-	12,5
Foie gras	Rayon frais Bloc	26,5	22
Saumon fumé	Importé d'Irlande 250 grammes	-	7,5
Champagne	Bouteille	-	20 % pour 75 cl 25% pour 1 litres
Sauterne	Bouteille d'un litre	7,5	6

La grammaire

1. Je te le promets, nous **irons** à Paris le mois prochain.
2. Nos sponsors **seraient** contents si nous gagnions le match.

3. Le groupe a annoncé que la baisse des profits **pourrait** éventuellement mener à des licenciements.

4. Il est certain qu'à l'avenir les patrons **devront** faire un plus grand effort s'ils veulent garder leurs employés plus longtemps.

5. Si vous nous accordez une remise, nous **enverrons** le chèque sans délai.

6. Elles **feraient** la publicité de nos produits avec plus d'entrain si on leur donnait une prime.

7. C'est décidé, l'année prochaine nous **achèterons** une nouvelle voiture.

8. Si les trains étaient à l'heure tout le monde **s'en servirait**.

9. Sinead **voudrait** rester encore quelques semaines à Toulouse, malheureusement son emploi du temps est beaucoup trop chargé.

10. Les consommateurs **seraient** prêts à dépenser plus d'argent si nous donnions une image de marque branchée à notre produit.

DOSSIER V : ÉTUDE DE MARCHÉ

Questions sur le dialogue

1. On peut faire une étude de marché à n'importe quel moment de la vie d'un produit mais dans ce dialogue, Patrice met l'accent sur l'importance de faire une étude de marché avant de lancer un produit.

2. Dans le texte, Sinead souligne qu'il est important de connaître trois paramètres avant de lancer un produit : on doit en effet connaître « les comportements, les attitudes et les motivations de notre clientèle cible ».

3. Oui puisque Patrice dit « tout dépend de l'objectif choisi ». Cependant, il ne parle que d'une étude dite quantitative qui s'appuie sur des pourcentages et des statistiques.

4. Le moyen d'investigation le plus courant, d'après Patrice, est le sondage.

5. L'équipe de marketing doit proposer l'emballage, le logo et le nom du nouveau produit ainsi que son positionnement et son prix.

Compréhension auditive

1. Elle explique qu'elle a rendez-vous chez son dentiste à 14H30.
2. En général, elle essaie d'y aller une seule fois par semaine, elle emmène les enfants avec elle. Ils y partent le samedi matin vers 11 heures et elle les amène à la cafétéria du centre commercial.
3. Elle les laisse dans le rayon bandes-dessinées pendant qu'elle fait les courses pour la semaine.
4. Elle a des amis qui viennent manger à la maison.
5. Il lui arrive d'acheter des disques, des livres ou une cassette-vidéo en promotion pour les enfants. Souvent elle achète aussi une bouteille de bon vin pour son mari, et parfois, elle se fait un petit cadeau. La semaine dernière par exemple, elle s'est acheté un maillot de bain.
6. Pour une semaine, et avec deux enfants à charge, l'addition dépasse bien souvent les 700 francs (€107).
7. Elle paye avec la carte bleue.
8. Le prix des produits proposés est un facteur de décision. Elle essaie d'aller dans les grandes surfaces qui offrent le meilleur rapport qualité/prix. Une autre raison de son choix est la facilité d'accès. Enfin, il faut aussi qu'à l'intérieur ce soit agréable (lumière agréable et rayons bien rangés). La gentillesse du personnel et la qualité des produits proposés sont aussi très importants.
9. Un bon de 50 francs (€7,62).
10. Il faut qu'elle l'utilise avant le 15 du mois dans les magasins partenaires.

La grammaire

1. J'ai terminé le questionnaire sur notre nouveau produit. Je **l'**ai mis sur votre bureau.
2. Vous avez-vu la secrétaire?
   Oui, je viens de **la** croiser dans le couloir.
3. Vous êtes déjà allés en France?
   Non, mais nous **y** allons cet été.
4. Je voudrais des croissants s'il vous plaît.
   Oui, vous **en** voulez combien?

5. Il faut que je vois mes parents ce week-end. Je dois **leur** montrer mes photos de vacances.

6. Tu as parlé à notre fournisseur récemment?
   Oui, je **l'**ai appelé hier.

7. Dites à Monsieur Chartier de venir dans mon bureau
   Je **le lui** dis tout de suite.

8. Tu veux du sucre dans ton café?
   Non merci, j'**en** ai déjà mis un.

9. Ma voiture est tombée en panne deux fois ce mois-ci et je **l'** ai achet**ée** il y a seulement six mois!

10. Tu vois les Dumon quelquefois? Non, je ne **les** ai pas revus depuis la dernière fois.

DOSSIER VI : LA TECHNOLOGIE

Questions sur le dialogue

1. Il organise cette réunion pour examiner le moyen le plus efficace de porter remède à la légère baisse des affaires intérieures et extérieures du groupe.

2. Le PDG s'inquiète surtout qu'il existe ces problèmes à un moment où le marché des boissons alcoolisées ne se porte pas mal.

3. Elle dit qu'il faudrait peut-être qu'on se serve davantage des nouvelles technologies. Tous les employés devraient être au courant des développements dans ce domaine.

4. Oui, il partage tout à fait cette opinion. Pour survivre actuellement il le croit indispensable de s'y connaître en informatique. Les communications sont devenues rapides et efficaces.

5. Car cette formation l'aidera à mieux faire son travail. Par exemple, s'il a une présentation à effectuer et qu'il est loin du bureau il pourrait l'envoyer à sa secrétaire d'un ordinateur à un autre. Mais sans avoir suivi une formation cela lui serait impossible.

6. On serait en contact immédiat avec les personnels traditionnellment mobiles – consultants, commerciaux et vendeurs. De même, ces derniers ne seraient plus obligés de passer autant de temps au bureau.

7. C'est une solution idéale pour concilier productivité et qualité de vie.

8. Oui, il remarque que la réunion s'est révélée fructueuse.

Compréhension auditive

1. Il est fatigué car il revient d'une longue réunion avec des collègues étrangers qu'il rencontrait pour la première fois.

2. L'ordinateur qui gère l'ensemble des fonctions domestiques ouvre la porte à son approche.

3. D'abord, la lumière s'allume mais l'éclairage n'est pas trop puissant car l'ordinateur connaît ses préférences.

4. Il a eu deux messages téléphoniques ainsi qu'un e-mail de son père. Il demande ce que dit son père, ce qui prouve l'importance qu'il attache à ce dernier.

5. Lors des poignées de main des mini-CV électroniques ont été échangés.

6. Le frigo savait qu'il dînerait seul ce soir et avait donc commandé son plat préféré : des lasagnes.

7. C'est un tableau de Van Gogh qui se transforme en télévision d'une incroyable qualité. Elle reproduit par exemple un clone électronique de Marilyn Monroe qui est si bien fait qu'on ne voit presque pas la différence.

8. C'est l'argent électronique qui est utilisé. On paie pour tout avec des « cartes intelligentes » qui font penser aux cartes téléphoniques d'autrefois.

9. Loin de là. Toutes ces technologies existent déjà dans les laboratoires et deviendront courantes d'ici peu.

La grammaire

1. La société a tout intérêt à ce que les ouvriers **soient** contents car il est important pour l'entreprise que les ouvriers lui restent fidèles.

2. Le PDG a été étonné que le chiffre d'affaires **baisse** malgré des prévisions de début d'année plus que favorables.

3. Le chef des exportations veut que nous **employions** les technologies à la pointe, afin d'optimiser les rendements de la production en vue de l'ouverture sur les pays de l'Est.

4. Bien que tout le monde **ait** accès à l'Internet, il reste encore des personnes réticentes à son usage dans certains cas.

5. Je vais attendre que Pierre me **dise** les chiffres, ensuite je vous les confirmerai par écrit dans un rapport détaillé.

6. Il faut que nous **investissions** de grosses sommes d'argent afin de pouvoir concurrencer les multinationales présentes sur le marché.

7. Je ne dis pas que tu **serves** de cobaye, mais cette proposition me paraît des plus étranges !

DOSSIER VII : À LA BANQUE

Questions sur le dialogue

1. On peut recevoir des informations sur les prêts immobilier auprès de sa banque.

2. Sinead a décidé de s'adresser à cette banque car elle y a déjà un compte courant depuis plus d'un an.

3. On doit d'abord remplir un formulaire avec les renseignements du type nom, adresse, statut, revenus etc . . .

4. Il y a les frais (le prix, le notaire, les travaux) puis ce qu'on appelle les « faux frais » qui sont malheureusement bien réels : déménagement, installation, décoration et copropriété si vous achetez un appartement).

5. Elle veut prévenir Sinead du prix réel de l'acquisition d'un appartement. Elle semble ne pas croire que Sinead puisse faire un tel achat.

6. Pour plusieurs raisons, tout d'abord, elle gagne bien sa vie, elle a un emploi stable. Elle pense qu'acheter un appartment pourrait être un bon placement. Ensuite, étant irlandaise, elle sait que les prix de l'immobilier à Paris sont plus intéressants qu'en Irlande.

7. Il faut choisir le type de prêt le plus adapté à sa situation financière.

8. Il existe deux types de prêts : ceux à taux fixe qui sont calculés sur les taux long terme du marché. Ceux à taux révisable qui sont calculés sur les taux court terme. Ces derniers sont généralement moins élevés, il est donc normalement plus avantageux de choisir un prêt à taux révisable.

9. La banque permet d'augmenter ou dimimuer les mensualités (si jamais on rencontre des difficultés pour régler ses mensualités).

10. Elle a déjà repéré quelques offres qui lui semblent très intéressantes et il lui tarde maintenant d'avoir un endroit bien à elle.

Questions de compréhension

1. En premier lieu, il est important de rencontrer le conseiller de sa banque car il connaît vos revenus, vos dépenses et votre capacité d'épargne.

2. Ensuite, on peut aller faire le tour des banques avec la proposition écrite de sa propre banque afin d'utiliser la concurrence.

3. Il y a trois types de banque qui s'occupent de prêts immobiliers : les banques généralistes (Crédit Agricole, Mutuel, Lyonnais, BNP, Société Générale . . .), les banques spécialisées (Crédit Foncier, la Hénin, l'UCB) et les établissements francs-tireurs (CaixaBank, Woolwich, Abbey National ou encore American Express).

4. Elle offre les services d'une centrale téléphonique où le futur emprunteur peut accéder au meilleur taux offert par sept banques partenaires. Ceci sans obligation d'achat.

5. Cette banque affiche un taux de 3,65% sur ses publicités, mais il s'agit d'un taux pour les trois premiers mois de son crédit à taux révisable. Ensuite, le taux devient beaucoup moins intéressant.

6. Si on signe le contrat chez eux, cela signifie qu'ils ont un compte en plus et la chance de garder ce compte pour longtemps. Avec possibilité dans le futur de faire signer d'autres contrats plus avantageux pour la banque.

7. Il est plus pratique de rester dans la même agence. Si on reçoit un crédit à bon taux, on évite les transferts de comptes. Il faut quand même demander à son banquier de proposer le même taux que la meilleure offre qu'on a trouvée sur le marché. S'il refuse, on peut alors se diriger vers la concurrence.

Compréhension auditive

Nom de l'établissement bancaire	Taux d'emprunt	Remboursement	Types de taux proposés
Paribas	3.94	Dès souscription	Fixe
BNP	5.4	Au choix	Variable avec possibilité de changer en cours de contrat
Crédit Lyonnais	4.6	A partir de trois mois	Variable ou fixe
Crédit Agricole	4.95	Pas de date limite	Variable ou fixe

La grammaire

« Pourquoi sollicitez-vous un prêt ? »

1. Je voudrais partir en Australie pour quelques mois.

« Avez-vous un compte courant dans cette agence ?»

2. Oui, j'ai ouvert un compte dans cette agence il y a maintenant deux ans et demi.

« Quelle est votre adresse ? »

3. 13 rue Alfred Jarry 33560 Bordeaux.

« Et votre situation familiale ? »

4. Célibataire.

« Quelle est votre situation actuelle ?»

5. Je viens de terminer mes études. J'espère trouver un emploi à mon retour d'Australie.

« Avez-vous déjà effectué un emprunt ? »

6. C'est mon deuxième emprunt. J'ai terminé de payer celui auquel j'avais souscrit il y a deux ans pour financer mes études.

« À quel type de prêt pensez-vous ? »

7. Je pense qu'un taux fixe est plus avantageux dans ma situation.

« Avez-vous des projets précis en ce qui concerne votre voyage en Australie ? »

8. Oui, Je vais faire un peu de tourisme et essayer de trouver un petit boulot. J'ai de la famille à Melbourne, le logement ne sera donc pas un problème.

« Quand comptez-vous être en mesure de rembourser cet emprunt ? »

9. Je pense pouvoir rembourser cet emprunt dès la rentrée prochaine. Trouver un travail à mon retour devrait être assez facile.

« Quel type de mensualités désireriez-vous ? »

10. 30 euros par semaine pendant un an.

DOSSIER VIII : PREMIERS ACHATS

Questions sur le dialogue

1. Sinead a trouvé son adresse en étudiant les petites annonces dans la presse.

2. Mme Morellini semble enchantée d'avoir affaire à une irlandaise. Elle connaît l'Irlande qu'elle a visitée il y a trois ans avec son mari et elle en garde un souvenir formidable.

3. Elle l'avait acheté pour son fils en 1975 pendant qu'il était étudiant à la Sorbonne.

4. Maintenant, il est marié et vit avec sa femme en Bourgogne, alors cet appartement ne sert plus à rien et elle en a assez de le louer.

5. Elle est déçue parce qu'elle croyait avoir trouvé une excellente affaire : un appartement avec séjour et chambre séparés pour un prix très avantageux !

6. Avantages : Cuisine tout équipée avec lave-linge ; Parquet de caractère ; Pièce très claire avec large fenêtre exposée au Sud ; Balcon ; Rangements ; Prix.

   Inconvénients : Salle de bain avec douche sans fenêtre ; Une seule pièce principale.

Questions de compréhension

1. Grâce à la croissance et à la qualité de vie en Bretagne, la capitale connaît une forte pression démographique. Le premier problème qui se pose maintenant est de savoir comment accueillir les nouveaux venus tout en restant une ville à la campagne ?

    Son deuxième problème est un problème de circulation. Malgré le fait que Rennes soit une petite ville de province, elle connaît des problèmes d'embouteillage mais sera munie d'un métro à partir de 2002.

    Enfin, le dossier crucial qui pourrait, à long terme, freiner le développement urbain est le problème de l'eau potable. En effet, il y a quelques mois, le journal municipal alarmait l'opinion publique sur le fait qu'il faut aller chercher de plus en plus loin des sources d'eau non polluées.

2. C'est grâce aux 60 000 étudiants qui, dès la nuit tombée, se donnent rendez-vous dans les nombreux bistrots, que Rennes reste une ville animée.

3. Les 36 communes de l'agglomération de Rennes se sont regroupées sous le nom de Rennes-métropole début 2000. Situées pour la plupart dans des zones agricoles, elles comptent en tout 376 500 habitants.

4. Depuis l'arrivée de Daniel Delaveau, le nouveau maire, les immeubles poussent en plein champ, autour de commerces neufs, d'une école, et bientôt d'un collège et d'une médiathèque.

5. La journaliste semble vouloir tirer la sonnette d'alarme en employant des expressions négatives comme « craquer les coutures », « proliféré », « s'insinuent comme des caries », « menace » et « jardinets » ou « le long de kilomètres de kilomètres de routes » et « cauchemar ».